한국에서 교사로 산다는 것

한국에서 교사로 산다는 것

초판 1쇄 발행 2024년 5월 10일

지은이 가넷
펴낸곳 얼룩소
주소 서울시 성동구 왕십리로2길 20, 4층
출판등록 2023년 11월 8일 제 2023-000077호

디자인 thiscover
제작 제이오

ISBN 979-11-7247-012-8 03330

한국에서 교사로 산다는 것

교사라는 이유로 참지 않겠습니다

가넷 지음

alookso

비록 투쟁의 기록이 역사로 남지 못하더라도

선례로 남을 수는 있다.

본문 중에서 -

차례

프롤로그

학교에 사직원을 제출한 날, 고 서이초 선생님의 자살 소식을 뉴스에서 들었다.

그 날은 학교를 등지고 돌아서며, 눈물과 동시에 허탈한 웃음이 나던 날이었다. 동료들과 인사를 나누며 웃음과 따뜻한 말들이 오가던 날, 얄팍한 종이 몇 장에 서명 몇 번으로 교직생활이 마무리되는 순간을 겪던 날, 그간의 무거운 고민이 허무해 쓴웃음이 났던 날, 그리고 고 서이초 선생님의 안타까운 소식에 가슴을 치며 오열했던 날이었다.

내가 곧 그였고, 그가 곧 나였다. 교직에 있으면서 나도 생을 끝내고 싶던 순간들이 있었다. 그가 느꼈을 고통과 절망이 느껴졌다. 얼마나 홀로 외로웠을지, 죽음을 결심하고 교실로 향하던 마음이 어땠을지, 세상을 등지던 그 순간이 얼마나 무서웠을지. 마음이 찢어졌다. 꼭 안고 위로해주고 싶었지만 그는 이미 세상에 없었다.

정부세종청사 교육부 한 구석에서는 조촐하게 분향소가 설치되어 있었다. 분향소에 방문해 그를 애도하며, 선생님이 죽음을 택한 장소인 그의 일터에 꼭 방문해야겠다고 생각했다. 같은 날 저녁, 서이초등학교에 방문해 선생님을 추모했다. 그 곳에서 얼마나 외로웠을까. 교정을 정처 없이 걷다 목 놓아 울었다.

그곳에서는 모두가 같은 마음으로 애도하고 있었다. 교실에서 세상을 등진 동료의 죽음으로 참아왔던 교사들의 울분은 임계점에 달했고, 그동안 쌓여온 것들이 터져 나왔다. 땡볕 아래서 그리고 비바람 아래서 수십만 교사들이 전국에서 자발적으로 모였다. 추모 집회를 열고 함께 목소리를 냈지만, 그동안 그 누구도 소중한 동료의 죽음에 대해 책임을 지지 않았다. 고 서이초 선생님에게 폭언을 한 학부모에게도 경찰은 '혐의 없음' 처분을 내리고, 사건을 종결했다.

고 서이초 선생님처럼 나도 한 명의 평범한 교사이자 시민 그리고 노동자였다. 교직 7년차였던 2022년, 나는 학생으로부터 성희롱 당하는 사건을 겪었고 사건을 공론화했다. 2023년에 교육청의 2차 가해까지 겪은 후 '살기 위해' 나는 사직서를 냈다. 생계를 걸고 공론화를 하자 바닥에 떨어져 짓밟힌 교사의 인권이 비로소 사회의 관심을 받기 시작했다.

직장으로서 학교라는 기관은 매우 폐쇄적이고 보수적이다. 안에서 일어나는 온갖 기상천외한 사건들과 문제들이 그대로 덮인 채 안에서 곪아 썩고 있다. 누군가 리스크를 안고 바깥으로 소리쳐 알리지 않는 이상 변화는 없을 것이다. 교원평가 성희롱 사건이 벌어졌을 때, 사람들은 '흔한 일'이라고 했다. 하지만 나는 더 이상 그 누구도 이런 일을 흔하게 겪어서는 안 된다고, 교사들이 겪는 이런 현실을 세상에 알려야겠다고 결심했다.

우린 모두 누군가의 자녀, 가족, 친구, 동료이자 동등한 인권을 가진 사회 구성원이다. 우리는 이미 수많은 '우리'를 잃었다. 이제는 한 사람도 더 잃을 수 없다. 지금도 누군가는 교단에 끝까지 남아 아이들과 마주하며 고군분투하고 있다. 희망이 보이지 않는 시대지만, 그럼에도 나는 앞으로 나아가는 이야기를 해보려 한다.

이 책은 그동안 내가 싸워온 긴 여정에 대한 이야기이자, 아직도 그 지난한 싸움을 하고 있는 동료 교사들의 이야기이다.

1부에는 교원평가 성희롱 사건의 전말과 공론화 과정, 공론화 이후 겪었던 다양한 2차 가해와 그럼에도 불구하고 나를 살린 연대의 힘에 대한 이야기를 담았다. 교직을 내려놓을 결심을 하기까지의 지난한 과정이 1부에 고스란히 기록되었다.

2부에서는 '교권 침해'가 교육 주체 모두에게 미치는 영향을 비롯해 무너진 학교의 현실에 대해 적나라하게 다루었다. 교권 추락의 근본적인 원인들에 대해 심층적으로 분석해보고, 교권과 학생 인권이 대립 개념이 아니라는 점도 짚었다.

3부에서는 인터뷰에 참여해주신 익명의 동료 선생님들의 진솔한 목소리를 함께 담았다. 지금의 절망적인 상황에도 희망을 이야기하기 위해 지금의 현실이 달라지려면 어떤 것들이 바뀌어야 할지 논의하고, 어쩌면 우리가 앞으로 나아갈 수 있다는 희망을 꾹꾹 눌러 담았다.

글을 쓰고 엮으며 겨울이 지났다. 환한 계절은 어김없이 다시 찾아온다. 지나온 날을 돌아보고 현실을 직시하며 그리고 앞으로를 바라보며, 어렵게 적은 이야기가 필요한 누군가에게 닿기를 바라며 온 마음을 다해 글을 썼다. 이 길고도 짧은 이야기가 누군가에게 귀한 용기를 주기를, 변화를 향해 한 걸음 더 나아갈 수 있도록 마음에 파장을 만들어 주기를 간절히 바란다.

2024년 3월

전직 고등학교 교사, 가넷

1부

한국에서 교수로 산다는 것

1장.

악몽을 공론화하다

길고 지난한 악몽의 시작

2022년 12월 2일, 이 모든 것이 시작된 날이다. 한 해가 마무리되어 가고 있던 어느 날, 나의 일상이 흔들리고 뒤집히는 끔찍한 악몽이 시작되었다.

"선생님, 교원평가 혹시 열어 보셨어요?"
"아뇨, 잊고 있었어요."
"학교가 난리예요. 병가 낸 분도 있대요. 저는 안 열어 보려고요."

교원평가(학생 만족도 조사 서술형 문항)에서 발견된 내용으로 학교가 들썩이고 있었다. 들려오는 이야기로는 '성적인 문구'가 적혀 있다고 했다. 교원평가의 서술형 항목을 확인한 직후 관리자를 찾아가거나 충격으로 병가를 낸 선생님도 있었다. 경력이 많은 한 선생님은 좋은 말 백 마디보다 상처 되는 말 한마디의 여파가 더 오래 간다며, 오랫동안 교원평가를 열어 보지 않았다.

매년 연말이면 교원평가에서 아이들이 쓴 애정 어린 말과 감사 표현에 힘을 얻었던 나로서는 처음으로 교원평가를 조회하기가 두려웠다. '설마' 하는 마음이었다. 완전히 안심한 것은 아니었지만, '설마 나에게도 그랬을까'라는 의구심보다 1년간 함께 했던 아이들의 평가에 대한 궁금증이 더 컸다.

업무포털 나이스에 접속했다. '교원능력개발평가 학생 만족도 조사' 객관식 점수를 조회하고 곧이어 '서술형 항목' 조회 버튼을 눌렀다. 작고 촘촘한 글자들을 집중해서 읽었다. 그러다 마주한 어떤 말에 사고가 정지되었다. 마치 나를 둘러싼 모든 것이 멈춘 것 같았다. 너무 비현실적이어서 마치 현실과 내가 분리된 것 같은 기분이 들었다.

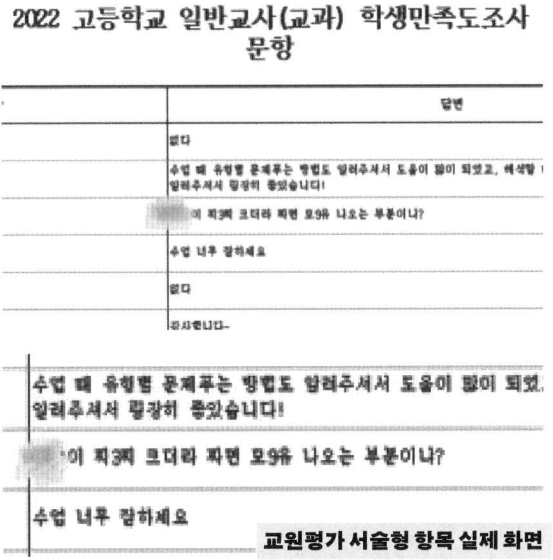
2022 고등학교 일반교사(교과) 학생만족도조사 문항

	답변
	없다
	수업 때 유형별 문제푸는 방법도 알려주셔서 도움이 많이 되었고, 해석할 [illegible] 알려주셔서 굉장히 좋았습니다!
	[illegible]이 찌3찌 크더라 짜면 모9유 나오는 부분이냐?
	수업 너무 잘하세요
	없다
	감사합니다~

수업 때 유형별 문제푸는 방법도 알려주셔서 도움이 많이 되었,
알려주셔서 굉장히 좋았습니다!
[illegible]이 찌3찌 크더라 짜면 모9유 나오는 부분이냐?
수업 너무 잘하세요

교원평가 서술형 항목 실제 화면

"수업이 도움이 많이 되었다.", "선생님, 수업 너무 잘하세요." 등의 평가 사이로 뜬금없이 성희롱 발언이 보였다.

"○○이 찌찌 크더라. 짜면 모유 나오는 부분이냐?"

그 문장에 내 이름이 '○○이'라고 적혀 있었다. 나의 수업과 지도에 대한 평가도 아니고, 그동안 보았던 "○

○샘 사랑해요.", "○○샘 수업 좋아요." 같은 애정 어린 말도 아니었다. 컴퓨터 모니터 앞에서 갑자기 고장 난 것 같은 나를 옆자리에 앉아 있던 선생님이 걱정스럽게 바라보았다. 모니터를 돌려 평가 조회 화면을 선생님에게 그대로 보여주었다.

우리는 잠시 말을 잃었다. 적막을 깨고 어떻게든 현실감을 되찾으려 했는지, 나는 "이게 뭐예요? 이게 무슨 말이야?" 하고 말을 뱉었다. 지금 생각해보면 그건 말보다는 비명에 가까웠다. 성희롱 발언은 나의 수업을 듣는 학생 중 한 명이 쓴 것이었다. 말이 아닌 배설물에 가까운 문자들이었다. 그 문자들이 나에게 고스란히 전달될 줄 알면서 이름까지 적은 행동의 의미는 무엇일까. '교원능력개발평가' '학생 만족도 조사' 항목에 익명으로 쓴 '그 행동의 의미'를 깨닫자 참을 수 없는 모멸감과 분노가 치솟았다.

손이 떨렸다. 사안의 의미를 깨닫자 속이 울렁거리고 머리는 어지러웠다. 하지만 당장 수업이 있어 교실에 들어가야 했다. 부모님이 주신 내 이름과 함께 특정 신체 부위에 대한 성희롱이 적혀 있는 이 장면은 이후 나에게 트라우마로 남았다. 더럽고 역겨운 바이러스 물질에 닿은 것처럼 온몸에 불쾌감과 불편감이 퍼졌다. 나의 움직임 하나하나를 성적인 시선으로 보는 학생이 교실 안 어딘가에 있다고 생각하니, 수업을 할 수 있을까 두려웠다. 그럼에도 불구하고 움직여야 했다. 정지되었던 뇌가 갑자기 빠르게 돌아갔다.

소리 없는 비명

'도움을 청해야 해. 도와줄 수 있는 모든 사람에게.'

피해를 본 선생님이 더 있다고 했다. 관리자를 찾아갔다가 허탈하게 돌아온 선생님과 충격으로 병가를 낸 선생님을 떠올렸다. 같은 피해를 본 선생님들과 이야기를 나누고 방법을 찾아야 했다. 수업과 업무를 정신없이 처리하고 선생님들에게 연락을 했다.

관리자와 면담을 했다던 선생님을 만났다. 임용된 지 얼마 되지 않은 선생님이었다. 피해 선생님이 관리자를 찾아갔을 때, 관리자는 선생님에게 교원평가는 몇 번이나 열람해봤냐고 물었다고 한다. 그리고 "이런 일은 원래 흔하게 있다"고, "익명이라 내용을 쓴 학생을 찾기는 어렵다"며 "교육청에 문의한 결과를 그대로 전달한 것"이라고도 덧붙였다고 한다.

당시 여러 학년을 가르치고 있던 나로서는 가르친 수많은 학생 중에 누가 그 내용을 작성했는지 알 길이 없다는 말이었다. 불특정 다수의 학생이 모두 불현듯 두려움의 대상이 되었다. 배신감과 환멸 그리고 불안과 의심이 동시에 나를 덮쳤다. 복도를 걷고 교실 앞에 서던 일상이 갑자기 힘겨워졌다. 마음을 다잡아도 학생들과 시선을 마주하는 것이 두려웠고, 숨을 가다듬지 않으면 매 순간 견디기가 어려웠다.

'생각을 해야 해, 침착해야 해.' 두려움이 밀려왔지만 정신을 차려야 했다. 주요 부서의 부장교사들과 관리자들에게 교내 메신저로 메시지를 보냈다. 마음을 진정시킨 후 교감과 면담을 할 작정이었다.

> "교원평가에서 성희롱 및 교권 침해 피해에 대한 전수조사를 요청합니다. 현재 개인적으로 파악한 피

해 선생님만 4명입니다. 학년부에도 협조를 구해서 이와 같은 일이 발생했다는 사실을 학생들에게 알리고, 자수하게 해야 합니다. 그리고 마땅한 처분을 받게 해야 합니다."

수업을 마치고 돌아와 교감 선생님과 면담을 신청하기 위해 내선 전화 쪽으로 몸을 기울였다. 그때, 전화가 먼저 울렸다. 교감 선생님이었다. 교원평가 화면을 출력한 종이를 들고 교무센터로 향했다. 그때만 해도 나에겐 이 시스템 안에서 누군가는 우리를 마땅히 도와줄 것이라는 믿음이 있었다.

교감을 마주했다. 주요 부서 부장교사들과 관리자가 모여 '긴급회의'를 한 결과, "교내 공론화는 할 수 없다"는 결론을 지었다고 나에게 통보했다. '선생님들의 2차 피해'나 '학생들의 동요'가 발생할 수 있으니 교내 공론화는 신중해야 하고, 조심스럽게 접근할 문제라고 했다. 그것이 학교의 입장이라고 했다.

피해 선생님들이 원한다면 '교권보호위원회'를 열어주겠지만 가해자가 특정되지 않은 상태이기에 즉각 분리 조치는 어렵다고 했다. 대신 교원들에게 5일의 특별

휴가나 병가를 부여할 수 있다고 했다. 이 말을 들으니 가해자가 계도되거나 처벌받지 않고, 피해자만 도망치듯 근무지를 벗어나야 하는 반쪽짜리 교권보호위원회가 될 것이 불 보듯 뻔했다.

성희롱 발언을 누가 썼는지 학교도, 교육청도 알 수 없다고 했다. 이것 또한 납득할 수 없는 일이었다. 교육청에서는 교원능력개발평가를 실시할 때 학생 개인마다 별도의 고유 코드를 부여한다. 시스템 내에서 코드번호로 로그인을 하고 교원평가를 진행하는데, 범죄성 발언을 한 작성자를 추적할 수 없다는 것은 말이 되지 않는 일이다. 선생님들이 사지에 몰려도 이 시스템에서는 그 누구도 책임을 지거나, 선생님들을 보호하지 않는다는 말과 다르지 않다. 또다시 무력감과 회의감이 밀려왔다.

"익명으로 이렇게 쓴 학생이 누군지 아는 것도 필요합니다. 하지만 더 중요한 건 학생들이 학교에서 이런 일이 벌어졌다는 걸 알아야 하고, 이런 행동이 잘못이라는 것을 학생들에게 교육해야 한다는 겁니다. 가해자 학생에게도 스스로 잘못을 깨칠 기회를 주어야 하고요. 교내 공론화가 어렵다면 피해 교사가 누구인지 그리고 성희롱 발언을 밝히지 않고, '교원평가에 다수의 선생님에게 성희롱 내용을 쓴 학생이 있다. 작성자가 시일 내에 자수하고 잘못을 뉘우친다면 사법 절차는 진행하지 않겠다'고 교내 공지를 하는 건 어떨까요?"

교감과 면담 자리에서 최대한 의견을 피력하고 설득하려 했지만, '교내 공론화는 할 수 없다'고 한 결정은 바뀌지 않았다. 그러고는 곧 교장과 면담을 권유받았다. 그때 직감적으로 앞으로의 시간이 길고 어두울 것이라는 걸 알았다.

곧바로 교장실을 향하면서 자꾸만 어깨가 움츠러들었다. 지금 입고 있는 상의가 몸을 부각하지는 않는지 쓸데없이 자기 검열을 하며 걸었다. 교사로서 최선을 다하고 버텨왔는데, 내가 가르친 학생 중에서 누가 나를 대상화하고 모욕했는지를 오랫동안 알 수 없을 거라는 생각이 들자 슬픔과 분노가 치밀어올랐다.

메이는 목을 가다듬고, 침착한 상태를 유지하려고 애쓰며 교장실에 들어섰다. 하지만 그곳에서 들었던 말은 평생 비수로 남을 것 같다. "토끼몰이를 하면 안 된다. 비밀리에 해야 한다", "학생이 스스로 정리(자살)를 할까 겁이 난다", "사안을 지켜보자." 그날 교장실에서 들은 말을 평생 잊을 수 있을까. 잊으면 좋겠지만 쉽지 않을 것 같다.

그 발언들에는 '교사는 참아야 해', '교사는 원래 덮고 넘어가야 해'라는 태도가 기저에 깔려 있었다. 가해자에게 자수와 반성의 기회를 주고, 사법적 절차 없이 교내에서 교육적으로 해결할 방법을 찾는 것이 왜 '토끼몰이'가 되는 것일까? "이 사안에 대해 기다리며 지켜보자"는 말은 피해자에게 '지금은 덮자'는 말로 들렸다. '지금'이 아니면 이 사안은 제대로 해결될 리가 만무했다. 다수의 선생님이 입은 정신적 충격과 피해보다 '가해 학생'을 우선시하는 태도에 넌덜머리가 났다. 아무 일 없었다는 듯 참고 넘어가면 피해자에게 더 큰 상처와 트라우마가 남는다. 그건 이미 겪어보아서 알고 있었다.

용기를 내어 "학교에서 도와주지 않으면, 사법 기관에 수사를 의뢰하는 방법밖에는 없다"고 말했다. 그러자 "피해 선생님들이 원하는 대로 사법 기관에 도움을 요청하세요"라는 답이 돌아왔다. 결국 교육적인 해결책은 교내에서 시도조차 할 수 없었다. 관리자들과 긴 대화 끝에 남은 것은 좌절, 무력감, 분노 그리고 결연한 마음이었다.

공론화의 시작

우리는 성범죄 피해자인 동시에 교사들이다. 교내에서 아무런 조치도 할 수 없다면, 피해 선생님들과 난 어떻게 해야 할까? 공론화에 대해 생각했지만 신중해야 했다. 한국 사회는 특히 '교사'에게 유난히 높은 도덕적 기준을 요구하기 때문이다. 아직은 교사 피해자를 쉽게 손가락질하고 도덕적으로 재단하는 경우가 많다.

공론화 이후 실제로 "교사가 학생을 고소하다니", "평소에 어떻게 하고 다니길래 성희롱을 당하냐"는 식의 2차 가해 댓글과 성희롱 발언들을 보고 들어야 했다. 이전에도 비슷한 경험 있는 나로서는 이 일도 덮고 넘어간다면 나 자신에게도 또 다른 누군가에게도 같은 일이 반복될 것이 뻔해보였다.

관리자 면담 후 나는 충격에 휩싸인 채 일과를 감당해야 했다. 업무를 제시간에 마무리하지 못했고 퇴근이 늦어졌다. 잔뜩 지친 채 야근을 하는 기분은 매우 비참했다. 마치 더러운 무언가가 몸 이곳저곳에 덕지덕지 붙어 있는 것 같았다. 떨쳐내려 해도 도저히 떨어지지 않고 마음과 기분을 오염시키는 기분이었다. 교원평가 성희롱 사건 전과 후의 나는 완전히 다른 세계에 살고 있었다.

퇴근 후 늦은 시간까지 같은 피해를 당한 선생님들과 이야기를 나누었다. 이 중에는 경찰 수사 의뢰나 언론 제보를 고려하는 분들도 있었다. 나는 공론화를 결심했다. 더 늦어지면 안 된다는 생각에 사건을 알리기 위한 소셜미디어(SNS) 계정을 개설했다. 피해 선생님들에게 사건 공론화와 교원평가 캡처 화면 공개에 대한 동의를 구하고, SNS에 게시물을 올렸다. 그렇게 당일까지 밝혀진 교사 4명의 성희롱 피해 내용이 세상에 공개되었다.

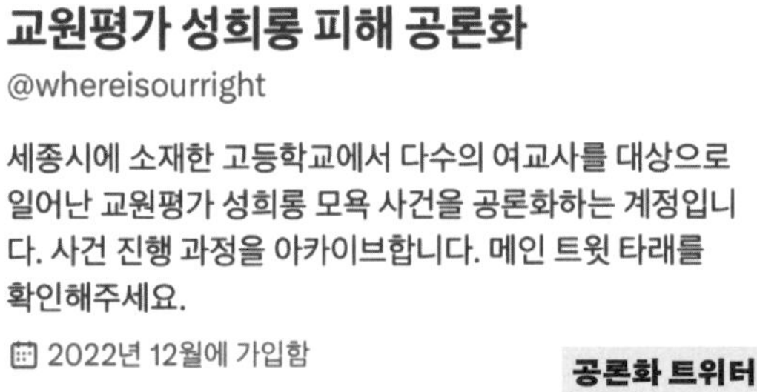

공론화 트위터 계정

사건은 내 예상보다 훨씬 빠르게 인터넷에 퍼져나갔다. 많은 사람이 사건을 주시했다. 불과 며칠 만에 각종 커뮤니티, SNS에서 사건이 거론되고 여론이 뜨겁게 달궈졌다. 당황스러울 정도의 파급력과 속도였다. 교원평가 시스템 안에서 벌어진 자극적인 성희롱 내용이 공개되었고, 무엇보다 한 해 동안 교권 침해에 대한 논란이 지속해서 자주 불거졌던 영향이 있었던 것 같다.

사건이 알려지도록 적극적으로 도움을 주셨던 분들이 있었다. 공론화 SNS 계정으로 '연대하겠다'는 메시지를 나에게 전하고, 대응 방법을 함께 논의하고자 한 분들도 있었다. 각종 언론매체에서 다수의 기자가 SNS 계정을 통해 연락을 해왔고, 그렇게 '교원평가 성희롱 사건'의 공론화가 시작되었다.

2장.

투사가 된 교사

투사가 되어야만 하는 피해자

나는 이 모든 일을 원한 적이 없다. 그저 웃으며 한 해를 마무리하고 싶었을 뿐이다. 평화롭게 찬란한 연말을 보내고 싶었다. 성희롱 피해자가 되어 기관에 도움을 요청하고, 피해 상황을 반복해서 설명해야 하는 악몽같은 싸움을 원치 않았다.

누군가를 원망하고 싶지 않았으나 계속해서 원망이 생겨났다. 관리자, 교육청 장학사, 경찰관, 그 누구에게도 화를 내고 싶지 않았으나, 화를 낼 수밖에 없는 상황이 잇달아 일어났다. 아이들을 마주하는 기쁨 하나로 교직에서 버티던 날들이 후회스러웠다.

성희롱 사건이 있던 당일에도 병가를 낼 수 없었다. 연말에 몰아치는 업무와 기말고사를 앞둔 교과 수업을 내려놓을 수 없었다. 가해자를 알 수 없는 상황에서 죄 없는 학생들까지 의심하고 있다는 죄책감도 나를 괴롭혔다. 나는 삶에 충실한 노동자였을 뿐인데 어느 순간 '투사'가 되어 있었다.

가까운 사람들과 가족들을 제외하고는 내가 '교원평가 성희롱 사건'의 당사자라는 걸 몰랐다. 나중에서야 "그 사건 피해자 중 한 명이 나야"라며 애써 아무렇지 않은 듯 말했다. 그때 나의 다정한 사람들은 충격으로 할 말을 잃거나, 분노하고 당황했으며, 무엇보다 나를 걱정했다. 피해자가 되는 일은 주변 사람들에게 걱정을 끼치고 상처를 주는 일이다. 피해자와 연결된 모든 사람이 영향을 받는다. 교원평가 성희롱 사건 이후 나의 일상, 건강, 정신은 무너져 내렸고, 주변 사람들에겐 아직 그 파장이 남아 있다.

사이버 수사를 의뢰하고, 고소장을 정식으로 접수하기 위해 경찰서에 방문했다. 학교에서는 경찰서로 이미 수사 협조 요청 공문을 보냈다고 했지만, 경찰서에서는 이 사건에 대해 전혀 모르고 있었다. 결국 피해 당자사인 내가 사이버 수사 담당 경찰관에게 '교원평가' 제도부터 학생이 시스템에 접속하는 방법, 시스템의 절차 등에 대해 상세히 설명했다. 일반적인 '인터넷 익명 댓글'이 아니라 '교원평가 시스템' 내에서 벌어진 일이며, 가해자가 '수업을 들은 학생 중 한 명'이라는 점까지 설명했다. 그제야 사이버 수사팀은 이 사건에 대해 어렴풋이나마 이해한 것 같았다.

당시 경찰서에 들고 간 고소장은 2부였다. 주말 동안 인터넷 커뮤니티와 뉴스 댓글에 달린 2차 성희롱에 대한 고소까지 함께 진행하고자 했다. 하지만 내용을 읽어보던 담당 경찰관은 '모욕죄'가 성립하지 않는다며, '여성청소년과(여청과)' 상담이 필요하다고 했다. 사이버수사팀 경찰과 여청과에 가서 또 한 번 사건의 경위를 자세히 설명해야 했다. 하지만 사이버수사팀 경찰은 '고소장 반려' 의사를 계속 언급했다. 나는 "언론에 이미 보도된 바 있으니 참고하시라"는 말을 남기고 허탈한 심정으로 경찰서를 나왔다. 결국 두 개의 고소 건은 정식으로 접수도 하지 못한 채 집으로 돌아왔다.

늦은 밤, 경찰서에서 다시 연락이 왔다. 경찰관이 "언론사 보도를 확인했다"고 했다. 사건 피해자가 몇 명인지, 이 사건이 인터넷에 알려진 경위는 어떻게 되는지 등 이미 설명했던 내용을 다시 자세하게 물었다. "정식 접수가 어려우니 돌아가시라"고 하던 경찰서에서 언론사 보도를 확인하고는 '고소장 정식 접수'와 '경찰청 이관'까지 바로 이루어졌다. 수사가 빠르게 진행되었다.

사건이 세상에 알려지지 않았다면, 과연 고소장은 정식으로 접수되었을까? 이 사건이 바로 경찰청으로 이관될 수 있었을까?

악몽과 같은 싸움은 끝날 듯 끝나지 않았다. 사건이 공론화되고 사안이 진행되는 내내 나는 전화를 주고받아야 했고, 찾아가 묻고 따지고 항의해야 했다. 마주하는 내내 날이 선 채로 사람을 대하는 것은 괴롭고 외로운 일이었다. 나의 마땅한 권리를 보호하고 절차가 정당하게 진행되기를 집요하게 요구하는 것도 정말이지 지치는 일이었다. 밥을 챙겨 먹을 기운조차 없었다. 밤에는 쓰러지듯 잠이 들었다가 악몽을 꾸고 식은땀에 젖은 채 눈을 뜨는 일이 반복되었다.

가해자가 특정되지 않은 채 1차 교권보호위원회가 열렸다. 당시 특별휴가와 병가를 썼지만 하루도 쉴 수 없었다. 경찰의 가해자 특정까지 3주 정도 걸렸다. 그동안 거대한 슬픔과 분노 때문에 아무것도 할 수가 없었다. 병가를 쓰기 전까지 수업을 들어가는 것도, 학교 복도를 걷는 것도 숨이 막혔다. 나의 몸을 학생들의 시선에서 숨기고 싶었다.

아이들이 웃으며 인사하고 지나갈 뿐인데도 성희롱 발언이 불쑥 떠올랐다. "가슴 크더라, 짜면 모유 나오는 부분이냐"는 말이 떠오를 때면 애써 지우려 하지 않고 굳이 되뇌어 보기도 했다. 차라리 그 말에 초연해지지 않을까 해서였다. 하지만 그럴수록 그 말은 더 역겹게 느껴졌고, 혼자 있으면 자꾸만 우울해졌다. 일부러 사람들과 시간을 보내려고 노력했지만, 그 순간에만 잠시 생각으로부터 도피할 뿐이었다. 왁자지껄한 시간이 지나고 다시 혼자가 되면 그 끔찍한 생각들이 다시 몰려왔다.

가해자 아버지의 서신

크리스마스 무렵, 피의자가 특정되었다는 소식이 들려왔다. 가해자 학생은 교원평가에 성희롱 발언을 작성한 사실을 모두 시인했다고 했다. 1년 내내 가르쳤던, 졸업을 앞둔 아이였다. 가해자 학생을 가르친 적이 없는 선생님들도 성희롱을 당했다. 원래 교원평가는 수업을 수강한 학생만 해당 교사를 대상으로 할 수 있었다. 그런데 시스템에 문제가 있던 것인지, 어찌 된 일인지 영문을 알 수 없었다. 가해자가 특정되면서 학생의 보호자가 '사과문'을 보내왔다. 하지만 그것은 '협박문'에 가까웠다.

> 먼저 이번 일로 인해 상처받은 모든 분께 진심으로 사죄드립니다... (생략) 저와 아이는 잘못을 덮거나 숨길 생각은 전혀 없고, 아이의 철없고 분별없는 행동으로 많은 분께 상처를 드린 점을 깊이 반성하고 있습니다.
>
> 다만 교권보호위원회나 민사소송 없이 법원의 형사

판결로 처벌받게 해주셨으면 하는 바람입니다. 고소 취하로 합의를 해주시면 더욱 감사하겠습니다.

가장 염려스러운 점은 이미 전국적으로 기사화된 상황에서, 만약 어떠한 경우가 되었든 학교 내, 교육청, 또는 언론에 아이의 실명이 공개 또는 노출되어 무자비한 마녀사냥 당한다면, 아이와 우리 가족은 주홍글씨를 가슴에 새긴 채 평생을 더할 수 없는 고통 속에 보내야 할 것입니다,

아무리 큰 잘못이 있다 하더라도 실명 공개로 인해 아이가 평생 재기 불가능할 정도로 고통 받는 상황만큼은 어떻게 하든 막고 싶고 피하고 싶은 것이 한없이 부족한 부모의 마음이기에 부디 원만한 합의를 간곡히 부탁드리고 선처를 바랍니다.

가해자의 아버지가 자필로 썼다는 문서에 '사죄드린다'는 내용은 한 문장, 학생이 '범죄 사실을 인정했다'는 내용도 한 문장이 다였다. 문서를 전달받은 피해 교원들은 모두 어안이 벙벙해졌고 이어서 분노가 터져 나왔다.

"이걸 사과문이라고 부를 수나 있는 거예요?"

"마녀사냥", "주홍글씨", "더할 수 없는 고통" 등 아직 일어나지도 않은 실명 공개에 대한 염려를 담아 자극적인 표현을 썼다. 자녀의 신원이 드러날까 걱정하는 마음 외에 다른 마음은 찾아볼 수 없었다. 이런 글을 전달한 의도가 무엇인지 분명했다.

평생 지울 수 없는 상처와 트라우마를 가슴에 새긴 채 고통 속에서 살아야 하는 피해자들의 고통에 대한 이해는 없었다. 진심 어린 사과도 담겨 있지 않았다. 합의는 당연히 있을 수 없었다. 피해 교원들의 의사를 취합해 보내온 글이 우리에게 어떤 영향을 미쳤는지에 대한 의견서를 직접 써서 국선 변호사님을 통해 전달했다.

> 피해 교원 중 한 명으로서 가해 학생의 보호자에게 입장을 전합니다.
>
> 먼저, 경찰을 통해 전달받은 글은 가해 학생 본인이 직접 작성한 것이 아니라는 점에 큰 유감을 표합니다. 또한 가해 학생이 직접 반성문을 쓰거나 사과

하지 않은 상황에 보호자가 먼저 '합의', '고소 취하', '선처'를 언급하며 학생의 실명 유포에 대한 염려와 우려만을 중점적으로 나타낸 글의 내용에 매우 유감입니다.

학생 본인이 진정으로 잘못을 뉘우치지 않는다면 합의도 선처도 논의될 수 없습니다. 보호자께서 작성해서 보내오신 글은 사안 해결에 아무런 도움이 되지 않으며 오히려 해당 글을 접한 피해 교원들 모두 크게 실망함은 물론 이차적인 충격으로 고통받고 있습니다. 실제로 발생했고 현재 진행 중인 피해자의 고통보다도 가해자의 보호자 입장에서 일어나지도 않은 일에 대한 가해자의 잠재적 고통만을 자극적으로 논한 글이기에 더욱 그렇습니다.

"아이의 실명이 공개 또는 노출되어 무자비한 마녀사냥을 당한다면 아이와 우리 가족은 주홍글씨를 가슴에 새긴 채 평생을 더할 수 없는 고통 속에 보내야 할 것"이라고 적으셨는데요.

첫 번째로 분명하게 말하고 싶은 것은, 귀댁의 잠재적 고통을 논하실 겨를이 있다면 피해자들이 이미 실제로 입은 피해에 대해 분명하게 인지하시라는 것입니다. 귀댁의 아이가 익명성에 기대어 저지른 행위로 인해 피해 교원들은 이미 씻을 수 없는 상처를 입었고, 이미 실제로 발생한 피해로 처참한 고통과 모욕감 속에 무너진 일상을 보내고 있습니다. 교사로서의 교권은 물론 한 사람으로서의 인권까지도 심각하게 침해받은 사안입니다. 피해자로서 이미 발생한 피해에 대해 분명하게 이야기하는 것이니 명확하게 인지하시기를 바랍니다.

한 인간으로서, 교육자로서, 여성으로서 회복하기 힘든 상처를 입은 피해자들에게 가해자의 보호자로서 작성하여 전달한 내용이 과연 적절했는지 재고하시기를 바랍니다.

피해 교원인 저도 누군가의 귀한 자식이자, 가족이자, 연인이자, 친구입니다. 자식, 가족을 염려하는 마음이 귀댁에만 있는 것이 아닙니다. 이 사실을 기억하십시오. 범죄 행위를 통해 한 사람에게 인격적인 모독과 상처를 남기는 것은 그 주변의 모든 이들에게도 상처와 아픔을 남기는 일이라는 것을 기억하시고, 귀댁의 아이에게도 반드시 교육하시기를 바랍니다.

저는 교원평가 성희롱 내용을 확인한 날부터 심각한 수면장애와 식이장애로 인해 정상적인 생활이 불가능한 상태로 지내고 있습니다. 정신과 상담 치료와 약물 치료를 하고 있고, 처방받은 약을 먹지 않으면 잠을 제대로 잘 수 없습니다. 귀댁의 아이가 벌인 일로 인해 한 해 동안 지속해 온 업무와 교육활동 또한 끝까지 수행할 수 없었고, 그 피해는 OO고의 수많은 아이와 교원이 모두 받은 것이나 다름없습니다. 저는 충격으로 인해 병가를 쓰는 동안 저의 수업과 업무를 나누어 분담할 동료들에게 누가 된다는 마음의 짐까지 짊어져야 했으며, 피해 교원이 다수이므로 학교 측에서 입은 업무적 손해와 전반적인 교육 활동의 손실 또한 막대합니다.

(중략)

또한 말씀드리고 싶은 것은, 저는 피해 사실을 인지한 후 학교 측에 '교내 각 부서가 협조하여 해당 사안에 대해 알리고 가해 학생이 자수할 기회를 주었으면 한다. 가해 학생에게 기회를 주어 일정 시일 내에 학생이 자수할 경우에는 고소를 진행하지 않겠다'고 분명하게 제안하고 요구했습니다. 그러나 학교 측에서는 저의 요구를 받아들이지 않았고, 교내에서 교육적으로 해결되지 않을 경우 사법 기관의 조사와 처벌을 강구할 수밖에 없다는 의사를 밝혔지만, 학교 측은 저에게 사법적으로 사안을 진행하라고 권유했습니다.

이 부분에 대해 저는 교육자로서 매우 안타깝게 생각합니다. 학생이 스스로 잘못을 깨닫고 반성할 기회를 주고 싶었으나 학교장의 거부로 인해 그런 기회는 줄 수 없었습니다.

다만 사안이 세상에 알려진 후에도, 경찰 수사가 진행되는 동안에도, 경찰이 피의자를 특정하는 날까지도 학생이 스스로 자기 잘못을 시인하지 않았으므로 그 점에 가장 큰 유감을 표합니다. 남은 것은 마땅한 선도 처분과 법적 처분입니다.

예상치 못한 2차 가해

가해자 가족의 직접적인 2차 가해뿐만 아니라 다양한 형태의 2차 가해가 인터넷상에서 지속해서 행해졌다. "교사가 어떻게 가르치던 학생을 고소하냐 가혹하다", "그 정도도 못 견뎌서 무슨 교사를 하냐"는 댓글을 제보받았다. 코웃음이 났지만 마음엔 상처를 입었다. 온라인 남초(남성 이용자가 다수를 차지하는 상태) 커뮤니티 사이트에 올라온 2차 성희롱 발언은 입에 담을 수 없을 정도로 저급했다. 가해 학생이 해당 커뮤니티에서 그 말투를 배운 게 아닌가 싶을 정도였다.

비난하는 이들보다, 나를 응원하고 나와 연대하려는 이들의 힘이 훨씬 컸지만 상처와 트라우마는 2차 가해를 겪으며 점점 깊어졌다. 식이장애와 수면장애가 날이 갈수록 심해졌다. 병가를 연장했고 수업과 업무를 모두

내려놓아야 했다. 분노와 우울감에 동료들에게 일을 떠넘겼다는 미안한 마음과 자괴감까지 더해졌다.

우리는 피해자였지만 일부 사람들에게는 '가해자' 취급을 받았다. 그들에겐 우린 학생을 고소한 교사이자 학교와 교육청을 힘들게 하고 괜히 일을 크게 만드는 사람들이었다. 여론은 성희롱 사건에 혀를 내두르고 교원평가 시스템을 질타했고, 짓밟힌 교권에 대해 많은 사람이 자신의 이야기를 하며 연대하기도 했다. 그러나 일부의 손가락질과 빈정거림은 취약한 상태의 피해 선생님들에게 큰 상처로 남았다.

공론화를 결심한 순간부터 2차 가해가 있으리라 예상했다. 하지만 더 이상 '덮고', '참고' 넘어갈 수 없었다. 피해 선생님 6명 중에 나를 포함해 연차가 5년 이상인 선생님들은 성희롱 경험이 처음이 아니었다. 더 물러날 곳이 없었다. '교사가 학생을 고소하다니' 식의 2차 가해는 예상 범주에 속했다. 하지만 '원래 남자애들이란 그런 건데 왜 유난이냐?'는 식의 댓글들은 볼 때면 전국에 남학생들이 반박이라도 해야 하는 것이 아닌가라는 생각이 들 정도로 일반화와 혐오 정서가 심했다.

예상하지 못한 것은 매우 적극적이고 수위 높은 2차

성희롱이었다. 매일 인간의 바닥을 보는 기분이었다. 온라인 남초 커뮤니티 게시물에 수백 개의 2차 성희롱 댓글이 달렸다. 수많은 사람이 이 댓글들을 캡쳐해 공론화 계정으로 제보했다. "꼴린다"라거나 "그래서 가슴이 얼마나 큰 거냐"는 말들은 차라리 얌전한 편에 속했다. 그들은 "ㅋㅋㅋ" 거리며 즐거워하고 있었다.

익명성 뒤에 숨은 그들에겐 2차 성희롱은 오락거리였다. 가해 학생이 했던 행동과 똑같았다. 그저 교원평가에서 인터넷 커뮤니티로 배경이 달라졌을 뿐이었다. 언론사〈프레시안〉에서는 성희롱 피해 고발 교사들을 향한 2차 가해 양상을 분석한 기사까지 나왔다. 해당 기사 댓글 란에도 같은 양상의 2차 가해 댓글이 또 달렸다. 마치 블랙코미디(잔혹하고 기괴한 풍자를 내용으로 하는 희극) 같았다.

〈프레시안〉 한예섭 기자님의 2차 가해 분석 기사의 원문을 인용한다.

> 교사이자 여성인 피해자들을 향한 2차 가해엔 특수한 패턴이 존재했다. '피해자 책임론', '피해 축소와

가해 두둔', '2차 성희롱' 등 성폭력 피해 여성들이 흔히 접하는 2차 가해의 양상에 더해, 피해자가 교사라는 점을 빌미로 한 새로운 피해자 비난 유형이 겹쳐졌다.

피해 공론화 행위는 '교사로서 부적절한 행위'라는 지적이나, 가해 행위가 피해자 혹은 교육계의 정치적 성향이 '학생들의 반발을 산 결과'라는 주장이 반복해서 포착됐다. 교사라는 직업적 특수성이 2차 가해의 또 다른 명분으로 작용한 셈이다.

여성·교사에 대한 이중 혐오 양상을 선명히 하기 위해 사례를 확장했다. 사건이 최초 보도된 12월 4일 포털 사이트 네이버를 통해 발행된 7개 기사의 댓글 1391건을 수집했다. 욕설 및 성적 발언으로 삭제된 190개 댓글을 제외한 1201건 중, 피해자 비난 등 2차 가해 양상을 보인 댓글은 총 337건(28%)에 이르렀다.

(중략) 중요한 것은 교육부 차원의 적극 대응이다. 손 부위원장은 "디지털 기반의 성희롱은 물론, 지난해 안산 선수에 대한 백래시 공격과 같은 젠더 기반의 조롱·비하·혐오들이 디지털 환경에 민감한

10~20대를 주축으로 확산하고 있다"며 "교육부 차원에서 각 현장에 성평등 담당 부서를 설치하는 등이 문제를 해결해나가겠다는 의지를 보여야 한다"고 강조한다.

단순히 '교원평가' 시스템의 개선이나 폐지를 넘어 성희롱·성폭력 및 2차 가해에 취약한 교육 현장의 환경을 개선해나가야 한다는 뜻이다. 개별 학교가 성폭력 사건이나 2차 가해 환경에 원활히 대응하기 위해선 "상급기관 차원의 총괄부서 및 매뉴얼 정비 등이 중요하다."

그러나 '교육부의 적극 개입'에 대해 피해자 A씨는 회의적인 전망을 내놨다. "사건 발생 직후부터 지금까지 교육부에선 (피해자에 대한) 어떤 접촉이나 언급도 없었다"는 것이다. 현재 교육부는 지난 5일 "이번 사건을 통해 특수기호를 추가하는 등 금칙어를 변형하여 우회 저장하는 경우 필터링 시스템이 작동되지 않는다는 점을 확인"했다며 "향후 서술형 문항 필터링 시스템 전반을 재점검·개선"하겠다는 입장을 발표한 후 별다른 입장을 내보이고 있지 않는 상태다. (후략)

고소한 2차 가해자 중 그 누구도 아직 처벌받지 않았다. 사람은 누구나 누울 자리를 보고 다리를 뻗는다. 고소를 진행하고 나서야 왜 그들이 자유롭게 2차 가해를 했는지 알게 되었다. 'IP 추적 불가'나 '혐의 없음' 등을 이유로, 이렇다 할 마땅한 처벌도 제재도 받지 않기 때문이었다.

이런 사회 분위기가 학생이 교원평가에 성희롱을 작성하는 결과를 불러왔다고 본다. 그들이 2차 가해를 스포츠처럼 즐길 수 있도록 멍석을 깔아준 셈이다. "IP를 추적할 수 없었다"는 경찰의 연락을 받았을 때 허탈했다. 하지만 피해자들이 더 힘을 기르고 적극적으로 대응할 수 있을 때, 그들이 선을 넘어 곪아 터진 문제에 스스로 걸어 들어갈 때, 분명히 죄의 대가를 치를 것이라 생각한다.

공론화 과정에서 얻은 건 전국의 '동료'였다. 일면식도 없는 선생님들이 곳곳에서 연락을 해오고 서로 위로하고 이야기를 나누었다. 각자가 겪었던 일을 인터뷰를 통해 세상에 알렸다. 내가 버틸 수 있었던 건 바로 '연대의 힘' 덕분이었다.

학교 안에서 교권침해 사건이 발생하면 피해 교사가 오히려 위축되는 경우가 많다. 피해 교사가 학교 안에서 일부 동료들에게 큰 공감을 받지 못하고 눈치를 봐야 했다는 이야기, 가해 학생의 보호자가 적반하장의 태도를 취하다가 교권보호위원회 직전에 갑작스레 저자세로 돌변해 당황했다는 이야기, 성희롱 피해를 입은 교사가 스스로를 검열하며 우울증에 빠졌다는 이야기를 들을 때 마음이 많이 아팠다.

연대의 힘은 강하다

내가 살아남은 건 가해자들의 힘보다 연대의 힘이 훨씬 더 강하다는 증거이다. 우리가 서로의 용기가 될 때, 서로가 손을 잡고 앞으로 나아가는 힘을 더할 때, 세상이 더 나은 방향으로 한 걸음 나아갈 수 있다는 걸 알았다. 지금 나에게 중요한 것은 깨어진 인류애나 상처가 아닌 '연대의 힘에 대한 믿음과 감사함'이다.

SNS 공론화 계정으로 자신의 이야기를 전하며 응원의 메시지를 남기신 선생님이 있었다. 학생과 교직에 대한 애정이 남다른 젊은 초등 교사였다. 그 마음이 감사하고 사건 진행을 돕고 싶어 직접 만나 이야기를 나누었다.

선생님은 그간 홀로 싸우며 견뎌온 이야기를 하며 이제는 용기가 생겼다고 했다. 민사 소송을 비롯해 이제 하나씩 절차를 밟고 있다는 선생님의 말을 듣고 그저 감사한 마음이었다. 용기를 내서 내게 연락해준 선생님이 지금껏 살아내 주셔서, 용기를 내고 이야기를 전해주셔서 감사했다.

타 지역의 다른 선생님도 교원평가 성희롱 사건이 공론화되는 것을 보고 용기를 내었다고 했다. 교권보호위원회를 신청하고 민사소송을 진행할 예정이라고 했다. 과거에는 학생에게 심각한 성희롱과 교권침해를 당해도 어떤 조치도 취하지 못하고, 참고 넘겼다고 했다. 우리 모두가 존엄을 가진 인간이라는 사실을 잊어버리고 무력해진 선생님이 많다. 이제는 선생님들도 직장에서 최소한의 안전을 보장받아야 하는 노동자임을 기억해야 한다.

현실적인 문제를 도와주신 선생님도 있었다. 타 지역의 선배 선생님은 나에게 '공무상요양' 제도에 대해 상세히 알려주고, 승인 절차 진행에도 도움을 주셨다. 일반 병가와 달리 공무상요양을 인정받아 승인이 되면, 본봉의 100%가 급여로 지급되는 제도였다. 정신과 치료를 받으며 병가를 쓰다 보니 금전적인 문제가 겹쳐 죽고 싶은 마음이 들 정도였지만, 선생님의 도움 덕분에 치료를 받는 동안 금전적인 부담이 훨씬 덜어졌다. 선배 선생님도 과거에 교권침해를 겪고 이 제도에 대해 동료 선생님이 알려주셔서 도움을 받았다고 했다. 결국 타인을 돕는 힘이 뻗어나가 서로를 살린 것이다.

쾌활한 성격으로 지치는 순간들에도 우리를 웃게 해주던 선생님이 있었다. 그 선생님이 하루는 "이게 다행은 아닌데, 참 다행이야. 피해자가 여러 명인 게 좋은 건 아니지만, 이렇게 같이 이야기를 나눌 수 있는 게 아이러니하게도 다행이에요. 무슨 말인지 알죠?"라고 말했다. 나머지 사람들도 모두 고개를 끄덕이며 많은 감정이 담긴 웃음을 지었다. 아무도 성희롱을 당하지 않았다면, 피해자가 적었다면 좋았겠지만, 함께 분노하고 지쳐도 함께 힘을 낼 수 있어서 다행이었다. 일상을 회복하려 함께 웃는 순간을 만들던 그 시간이 참 애틋하고 충만했다.

조심스럽게 위로와 응원을 건넨 동료도 많았다. 지역사회와 교직 사회, 교육청의 대처를 이끌어낸 수많은 이

름 모를 시민들도 있었다. 이들의 따뜻한 마음이 모여 앞으로 나아갈 용기와 살아갈 힘을 주었다. 그 마음들에 보답하고 싶어서 매일 더 씩씩해져야겠다고 다짐했었다. 더 강한 사람이 되겠다는 결연한 다짐은 견고하고 따뜻한 연대로부터 자라났다.

가까운 이들의 응원과 위로도 큰 힘이 되었다. 내가 끼니를 잘 챙겨 먹지 못하자, 직접 요리를 해서 집까지 가져다준 친구도 있었다. 종종 전화를 해서 내가 밥은 먹었는지, 지금 무얼 하는지 안부를 묻고, 언제든 전화하라고 말해주던 친구들도 있다. 이들이 모두 나를 살아있게 해준 사람들이다.

하루는 가까운 지인이 "언니가 얼마나 대단한 일을 하고 있는지, 언니는 모르는 것 같아. 이제 많은 게 변할 것"이라고 말해주었다. 그 말에 성희롱 사건의 공론화를 시작으로 '부당한 대우를 참지 않는', '성희롱을 참지 않는', '인신모독과 인권침해를 참지 않는' 문화가 교직에도 뿌리내릴 지도 모른다는 생각이 어렴풋이 들었다.

위로의 마음과 응원을 전한 제자들도 있었다. 아끼던 제자가 공론화 계정을 통해 메시지를 보내왔다. 그 메시지를 읽던 밤, 학생들과 지나온 시간이 애틋하고, 이제 많이 나요. 저는 그때 어른이 될 수록(아직 미성년자였으니까) 점점 삶이 재미없어질 거라고만 생각했었거든요. 그런데 선생님께서는 교사로서의 삶과 개인으로서의 삶 모두 옹골차게 꾸려 나갈 수 있다는 걸 보여주셨던 것 같아요. 그게 왠지는 모르겠는데 되게 많이 위로가 되었었습니다.
조금 전에 사직원을 제출하셨다는 글을 읽었어요. (이런 말을 드려도 될지 모르겠습니다.) 그렇지만 선생님께서는 정말 어디에 계시든, 그리고 무슨 일을 하시든 행복하게 잘 하실 것 같아요. 작년에 교단에 계실 때, 선생님께서 저희에게 보여주셨던 모습은 인간적으로나 직업인으로서나 존경스러웠으니까요. 앞으로는 좋은 일만 있으시길 바라겠습니다. 그리고 혹시 사안과 관련해서 학생의 증언이 필요한 일이 있다면, 저는 실명과 얼굴과 기타 등등 다 공개하고 이야기할 수 있으니, 다른 좋은 친구들도 많이 있겠지만, 혹시 필요하시다면 말씀해 주세요.

응원을 담은 학생의 문자

학생들과 함께할 수 없어 서럽고, 따뜻한 제자의 마음이 고마워 하염없이 울었다. 아이들을 보고 버티고 남아 있자고 다짐하던 날들이 후회되어 울던 날들이 지나자, 아이들이 있어 지금이 의미가 있다는 걸 깨달았다. 내가 사직한다는 소식을 듣고 "선생님이 있어서 학창시절이 행복했다"고 마음을 전해준 졸업생들이 나에게는 가장 큰 힘이 되어 주었다. 그렇게 나는 다시 살아갈 힘을 얻었다.

공론화 이후 새로운 소중한 인연들이 일상의 일부가 되었다. 그러다 보니 어느덧 선생님 개개인이 자신을 지킬 수 있게 바뀔지도 모른다는 희망도 가지게 되었다. 그 희망을 마음에 꾹꾹 눌러 담아 죽고 싶은 마음을 누르며 버텼다.

3장. 교사의 마음을 지켜라

교사의 자살은 사회적 타살

자살 시도를 하려고 처음 마음을 먹은 건 2023년 4월 7일이었다. 6년 동안 학교에서 숱한 일들을 겪으며 나는 몇 번이나 죽고 싶다는 생각을 했다. 나처럼 자살로 내몰리는 사람들의 죽음은 '사회적 타살'이라 생각한다. 동아줄을 붙잡듯 병원에 찾아가 신경안정제와 항우울제를 받지 않았다면, 여러 통의 부재중 전화를 보지 않았다면, 나의 이야기도 세상에 알리지 않은 채 생을 마감했을 것이다.

무엇이 교사를 죽음으로 내몰고 있는가? 무엇이 '직장

을 그만두는' 선택이 아니라 '죽음을 결심하는' 마음에 이르게 하는가? 이 질문에 대한 답을 일련의 경험으로 일부 깨달았다. 사람은 마지막 희망이 신기루였다는 걸 깨달은 순간에 죽음을 결심한다.

나의 그 '순간'은 상부 기관에 2차 가해를 당했을 때였다. '교내에서 벌어진 사건을 감히 세상에 알린' 나에게 상부 기관은 '이전에 모두가 하던 대로 조용히 살지 않으면 불이익을 받게 될 것'이라는 협박 아닌 협박을 가했다. 시스템 속에서 당하는 교묘한 2차 가해는 삶의 희망을 잃게 했다. 그러지 않아도 심적으로 내몰려 겨우 버티고 있을 때, 나의 존엄을 위한 노력은 아무 의미가 없었다.

불이익에 대한 각오도 없이 정부 부처에 맞서 목소리를 낸 것이 아니었다. 공론화를 결심했을 때도 부모님과 주변 사람 대부분이 나를 염려하며 만류했다. 그때도 난 "잘못된 것을 바로잡기 위해서 목소리를 냈다는 이유로 불이익을 준다면, 그 불의에 끝까지 맞서 싸울 것"이라고 답했었다. 죽고 싶었지만 이렇게 포기할 수 없었다.

꾸준히 운동을 하기 시작했다. 사회 활동도 병행하며 부단히 노력했다. 2023년 4월이 되자 우울장애와 불편한 신체감각에서 점차 해방되었다. 어둡고 추운 불쾌한 터널에서 빠져나오는 것 같았다. 정신과에서 처방받는 약의 양도 줄고 사람을 만나는 일도 더는 불편하지 않았다. 교원치유지원센터의 상담 선생님 말을 빌리자면 "깎였던 에너지가 조금씩 차오르는" 시기였다.

삶의 활력이 다시 붙고 있었다. 계절이 지나 다시 꽃이 피는 것처럼 나도 이전처럼 살 수 있을 것만 같았다. 여름이 지나면 학교로 돌아갈 수 있을 것 같아 2학기에는 복직을 하겠다고 학교에 이야기를 해두었다. 교무부장님과 학교 관리자들에게 복직 의사를 밝힌 며칠 후, 모르는 번호로 전화가 걸려왔다. 난 전화를 무심코 받았다.

주무관 세종시 교육청 감사실 주무관 OOO입니다. 감사실에 출석을 해주셔야 합니다.

나 사건과 관련해 어떤 신분으로 출석해야 하는 걸까요?

주무관 와주셔야 설명할 수 있습니다.

(중략)

나 어째서 대면 진술을 해야 하나요? 꼭 감사실에 출석해야 할까요?

주무관 사건에 대해서 '또 다른 제보'가 있어서 출석을 하셔야 할 것 같습니다.

나 일이 다 끝났는데, 도대체 무슨 제보인가요?

주무관 출석을 해주셔야 얘기해드릴 수 있어요.

자신을 '감사실 소속'이라고 밝힌 주무관은 나의 질문에 제대로 답을 해주지 않았다. 이상하다고 느꼈지만, 진술만 잘하면 그만이겠거니 했다. 크게 신경 쓰지 말자고 스스로를 다독였다. 정상적인 경우, 주무관은 공문을 통해 공식적으로 소속 학교의 관리자에게 피감사자 출석 요구를 전달하고, 관리자가 피감시자(교사)에게 공문을 전달한다. 이렇게 주무관의 개인 휴대전화를 사용한 출석 요구는 이해하기 어려운 비공식적인 절차였다.

교육청 감사실에서는 최대한 빠른 출석을 요구했다. 부당한 출석 요구에 불응할 수도 있었지만 이틀 뒤 감사실에 출석하기로 했다. 감사실 주무관이 자신의 개인번호로 전화를 걸어 "또 다른 제보"를 운운한 것이 매우 불쾌하고 불편했기에 어떤 이야기를 하는지 들어보고자 출석에 응한 것이다.

그들이 말하는 '교사의 품위'

2023년 4월 7일, 세종시 교육청 감사실에 출석했다. 그리고 인생에서 가장 끔찍하고 모멸적인 세 시간을 보냈다. 감사실에 도착하자 밀폐된 별도 공간으로 안내받았다. 방으로 들어가자마자 주무관은 "절대 녹취하시면 안 돼요"라고 말했다. 보통 공적인 감사에서는 녹취할 '의사'가 있는지 묻는다고 알고 있었다. 일이 이상하게 흘러가는 것 같은 느낌이 들어 처음부터 끝까지 모든 대화를 녹취했다. 나를 보호하기 위한 조치였다.

이 녹취록은 이후 진실을 밝히는 역할을 해주었다. 감사실에서 2차 가해 내용에 대해 '위 보도는 내용은 사실이 아니'라는 거짓 해명 자료를 뿌렸을 때, 녹취록과 녹취파일로 반박할 수 있었다. 기자가 나에게 전달받은 녹취록의 내용을 전혀 수정하지 않고 사건을 보도했을 당시 교육청 홍보실에서는 해명 자료까지 만들어 기사를 정정해달라고 요청했다. 하지만 녹취록이 SNS와 기자들에게 모두 공개되자 교육청 홍보실에서는 더는 기자에게 정정 보도 요청도, 아무런 연락도 하지 않았다.

교육청 감사실에서 난 '품위 유지 위반'을 했다는 궤변을 몇 시간 동안 들어야 했다. 갑론을박하다 감사실 주무관이 당당하게 말했다. "선생님, 이거 민원이 들어오면 다 품위 유지 위반이 돼요. 공무원은 아주 불리하다고요."

나는 그동안 교직 생활을 하며 단 한 번도 감사 지적 사항을 받은 적이 없었다. 공직자이자 교육인으로서 품위를 단단히 유지하며 살고자 했다. 무엇보다 학생들 앞에서 당당하고 존경할 만한 어른이고 싶었다. 불의를 숨기고 참고 덮는 어른이 아니라, 아이들이 앞으로 살아갈 세상을 조금이라도 더 나은 방향으로 만들기 위해 고민하는 어른이고 싶었다. 그런 변화를 위해 목소리를 내고 행동하는 어른이고 싶었다.

교원평가 성희롱 피해를 공론화한 것도 같은 이유였다. 한 인간으로서, 시민으로서, 교육자로서 품위와 존엄을 지키고 싶었다. 나의 제자들과 교직에 남아 있는 동료들을 위해서였다. 하지만 감사실에서의 일은 '이곳은 희망이 없다'는 좌절로 나를 몰아넣었다. 교직을 떠나거나 죽음으로 내몰린 동료들도 같은 좌절을 느꼈을 것이다.

〈2023. 9. 2. 교사 총궐기 추모집회〉
자유 발언 현장

2023년 4월 7일 당시 감사실 주무관과의 대화를 녹취록에서 일부 발췌해 인용한다.

주무관 트위터(SNS 엑스의 이전 명칭)에서 웨어리스 아우어 라이트(@whereisourright)라는 이름으로 활동하면서 이 학생의 교원능력평가 성희롱 댓글 행위가 외부로 알려지게 되었어요. 아시죠?
나 네.
주무관 그러면 트위터 활동을 통해 학생의 교원능력평가 성희롱 댓글 행위를 공론화한 이유를 말씀해 주세요.
나 학교에서 도움을 주지 않으려고 했으니까요. 그리고 사실 이런 일이…
주무관 공론화를 시킨 건 언제쯤인가요?

(중략)

주무관 공무원에서 하는 범위가 있는데, 어쨌든 경찰의 고소라든가, 이런 것들이 들어왔을 때는 다 이게 품위 유지 위반에 해당이 돼요. 그래서…
나 제가 무슨 고소를 당했나요?

주무관 아니, 그러니까 그 정도로 '넓다.'

나 저는 고소당한 것도 아닌데...

감사관 그건 제가 예시를 든 거고요.

(중략)

주무관 네.(웃음) 그거는 선생님, 선생님이 심리적으로 하시는, 저는 그냥 든 것뿐이고, 직무라는 범위 자체가 '이렇게 광범위하다'. 공무원의 어떤 품위라는 것 자체가 되게 광범위하기 때문에, 일반인들이 이런 거를 알고 제보를 한다는 얘기를 드린 거고요. 저희가 이제 드리고 싶은 말씀은, 앞으로 교직 계속하셔야 되잖아요. 할 때...

나 안 할 거예요.

주무관 아니 그거는 저희한테 말씀하실 필요가 없는 게...(웃음)

나 그럼 저한테 지금 무슨 얘기하시는 거예요.

주무관 이걸 좀 앞으로 주의했으면 좋겠다는 말씀을 드리는 거예요.

(중략)

익명의 공무원 그러니까 이게 이런 억울함이 있어요. 그러니까 선생님이, 공무원이...아시잖아요. 공무원이고 교사면 외부에 나가서 교통사고가 났을 때나 아니면 뭐 했을 때도 상당히 불리한 위치라는 건 아시죠.

나 교통사고가 났을 때 불리하다고요?

익명의 공무원 그럼요. 교통사고가 났을 때, 예를 들어...

나 그게 무슨... 이런 말 처음 들어서요.

익명의 공무원 아, 예를 들어볼게요. 사거리에서 인사사고가 났어요. 뭐 접촉사고 나서 조금 누가 다쳤어요. 타박상 입었어요. 감사관실 오셔야 해요.

교육청 감사실에서는 내가 병휴직 상태로 정신과 치료와 약물치료를 받고 있다는 사실을 알고 있었다. 그럼에도 감사실에서는 나를 불러 "제보가 있었다"며 공론화에 대한 '의도'를 물었다. 분명 법에 저촉되지 않는 선에서 피해자로서 알게 된 상황을 공개한 것임에도 불구하고, 감사실은 '품위 유지 위반'과 '공무상 기밀누설' 등을 들먹이며 징계 가능성을 암시했다.

주무관 품위 유지까지는 뭐 지나가고. 비밀 엄수 의무에 대해서요.

나 제가 공문서를 공개한 것도 아니고, 제가 애 실명을 공개한 것도 아니고, 제가 어떤 범위에서 공문서의 비공개 범위에 해당하는 내용을...

주무관 그거는 이제 개인정보법 위반이죠.

나 저는 그런 것에 대해서 어떤, 뭐 개인정보법 위반이다. 이런 안내도 교육도 받은 적 없고요.

감사관 개인정보법 위반은 아니죠. 왜냐하면 특정해서 하신 건 아니니까 그거는 제가 말씀 안 드린거고, 그 직무상 알게 된 비밀, 그거 정도.

나 애가 퇴학당한 게 직무상 알게 된 비밀인가요?

주무관 근데 그거 말고.

나 제가 피해자인데?

주무관 그렇죠 피해자시니까.

(중략)

나 알겠고 그렇게 되면은 지금 저한테 그래서 어떻게 하라는 건지 징계를 받을...

감사관 앞으로는 조심하셔야죠.

나 앞으로 뭘 조심해요. 이게 지금 그만두라는 거지요.

(중략)

주무관 그러니까 약간 저촉이, 저희가 하는 의도는 뭐냐면 좀 조심할 필요가 있다. 이런 법 조항이나 이런 의무가 공무원한테 있으니.

나 그만둬야죠. 뭐만 하면 제보 받은 감사실에 호출 당하는데 어떻게 계속 일을 합니까.

주무관 극단적으로 생각하지 마시고…

나 지금 말씀하시는 게 다 극단적이에요. 교통사고 나서 타박상만 입어도 감사실에 와야 된다고 하는데.

감사실의 2차 가해는 단순한 겁박이 아니었다. 관리자들을 두둔하고 "교육청 장학사들이 얼마나 힘들었는지 아느냐"며 나에게 죄책감을 씌우려는 시도까지 더해졌다.

주무관 그러니까 관리자분들도 이게 좀 부담이 있을 수는 있죠.

나 부담 느껴야죠.

주무관 이게 학교 전체가 부담인데, 이제 학교 전체가 막 언론에 휩쓸리고 이러니까. 이제 힘든 거죠. 선생님의 의도는 알겠어요. 그러니까 이거를 사회 이슈화시키려고, 이 교원능력평가가 익명이라서 애들이 평가하는 걸로 인해서 상처받는 선생님들이 꽤 많다는 걸 이 사건을 통해서 알게 됐고, 이게 문제가 있다는, 어떤 구조적인 문제를 얘기하신 거였잖아요. 음, 그런 의도는 충분히 저희가 이해가 되는데, 이런 조심할 부분들은 분명히 있다는 생각이 들었어요. 피해자 호소 측면에서 올리신 것도 충분히 납득이 되는데, 그것도 적정 범위 내에서 선생님 다치지 않는 범위 내에서 하셔야 하지 않을까 생각을 했어요.

나 학교 안에서 피해가 발생하면 알릴 수가 없네요. 다 직무상 알게 된 건데 어떻게 알리겠어요.

주무관 좀 조심스러운 부분들이 있죠. 보통은.

교육청 감사실의 2차 가해 내용이 언론에 공개되자 교육청 인사과에서 직접 전화가 걸려왔다. 감사실에서 그랬던 것처럼 또 모르는 개인 휴대전화 번호로 전화가 걸려온 것이다. 자신을 '세종교육청 인사과장'이라고 소개하며, 나는 징계를 받을 일이 없고 "감사실에서 절차상 호출한 것이니 안심하시라"고 했다.

나는 '안심'이 문제가 아니라고 말했다. 난 잘못이 없으니 '품위 유지 위반' 등에 따른 징계도 당연히 없어야 하고, 그 사실을 명확하게 알고 있었다고 말했다. 제보가 있다는 이유만으로 사실관계 확인도 없이 개인번호로 피해자를 불러내 겁박을 해도 되는지 반문했다. 인사과에서 검토할 내용을 왜 감사실에서 처리하는지, 그 '절차'라는 것이 정당했는지에 대해서도 따져 물었다. 나는 '모든 과정이 문제'였다고 정확하게 말했다.

마침내, 사직할 결심

2023년 4월 7일 세종시 교육청 감사실의 2차 가해 이후 나는 사직을 결심했다. 2023년 8월 10일 진행한 KBS 〈시사N대세남〉 '무너진 교단, 학교가 두려운 교사들'(2023년 8월 22일 방영) 인터뷰에서 나는 사직을 결심한 이유에 대해 다음과 같이 밝혔다.

"티 안 내고 애들한테는 좋은 걸 줘야지, 좋은 수업을 해야지, 이렇게 생각하면서 버텨왔는데 한계가 있는 거죠. 교육청에서 저한테 그렇게 갑질을 했는데 2학기에 복직을 한들 제가 학교에서 애들한테 사명감을 가지고 힘찬 에너지를 줄 수 있을까요."

미리 준비한 말이 아니었다. 자연스럽게 진심이 나온 말이었다. 아이들 앞에서 매일 웃으며 좋은 에너지를 주려고 힘을 내기에 나는 너무 많은 것을 겪었다. 내가 속한 기관에서 나를 보호하기는커녕 부당하게 겁박하는 현실을 경험하자 거대한 회의감과 분노, 무력감, 슬픔, 불안이 몰려와 나아지고 있던 나를 다시 잠식시켰다. 정신과에서 나의 상태를 보고는 다시 복용 약을 늘려야겠다며 처방전을 수정했다. 비로소 웃을 수 있을 것 같았던 봄은 그렇게 망가졌다.

한 사람으로서의 존엄도 유지되지 않는 상황에서 우리가 어떻게 마주하는 학생들을 오직 사명감과 사랑으로 대할 수 있을까. 지금까지 억울하게 고발을 당해 징계를 받거나 직위해제 되었던 선생님들은 어떤 마음으로 견뎠을까? 알려지지 않은 억울하고 참담한 사연과 죽음이 얼마나 많을까? 수많은 동료의 죽음이 순직 처리는커녕 '단순 추락사', '단순 자살' 등으로 종결되었고 추모조차 받지 못했다.

이런 현실은 어떻게 만들어졌는가? 세종시 교육청 감사실에서는 아직까지 잘못을 인정하지도 사과하지도 않았다. 사안이 언론에 보도되자 교육감이 감사실을 대신해 직접 나에게 진심으로 사과했지만 감사실의 태도는 여전히 변함없었다. 우리는 무엇을 바꿔야 하고 무엇과 맞서 싸워야 하는가? 나는 이 질문을 더 많은 사람과 함께 나누고 고민하고 싶다.

2부

고립의 원인

4장.

교권 침해의 가해자는 누구인가

'모든' 학생이 피해자다

우리가 반드시 기억해야 할 것이 있다. 교권침해는 모든 학생들의 수업 받을 권리, 교육 받을 권리, 일상을 이어갈 권리를 박탈한다. 그리고 이는 모두 교권침해 '피해자'가 아닌 '가해자'가 만든 결과이다.

단적인 예를 들어 보겠다. 세종시 모 고교 교원평가에서 성희롱이 일어났다. 다수의 여교사가 대상이었다. 피해 교사들은 모두 극심한 스트레스와 충격으로 각자 날짜는 달랐지만 '특별휴가', '병가' 등을 쓰고, 동시에 교권보호위원회 절차를 밟았다. 이로 인해 발생한 손해는 상당했다.

단순히 생각해보아도 피해 교사들은 당장 수업을 할 수 없었다. 피해 교사들의 수업은 다른 교사들이 자신들의 수업과 업무에 허덕이면서 임시로 보강을 해야 했다. 많은 학생은 담임교사를 며칠 동안 또는 영영 잃어야 했다. 그렇다면 학교 전체가 감당해야 했던 피해 규모는 얼마나 클까?

그 손해는 누구 때문에 발생하나? '그 정도의 인격 모독과 성희롱'도 견디지 못하고 '일을 크게 알린' 피해 교사들의 탓인가? 아니다. 전혀 그렇지 않다. 모두 가해자가 일으킨 손해다. 피해 교사들이 감내해야 했던 모든 피해와 손해는 물론, 학교와 학생들이 감수해야 했던 손해 또한 마찬가지다. 하지만 많은 교권침해 피해자가 '교권보호위원회'를 신청하고 '병가'를 내는 것을 두려워한다. 기존에 맡고 있던 수업과 업무에 대해 피해자가 나서서 고민한다. 시스템이 그렇게 만들고 있다.

교권침해 가해자가 이 모든 손해를 배상하게 하는 시스템이 구축되어야 한다. 교권침해로 정상적인 교육을 방해한 가해자가, 학생들이 받는 피해와 박탈당한 권리에 대해 적극적으로 보상하도록 제도를 구축해야 한다.

그것이 바로 '시스템'이 본질적으로 할 일이다. 그렇지 않으면 지금처럼 '참고, 덮고, 넘어가는' 교직 문화와 사회적 분위기가 바뀌지 않을 것이다. 교육에 발생하는 손해가 '병가를 쓰고 교권보호위원회를 연 피해자들' 탓이 아니라는 것을 우리 사회가 그리고 학교 교육 주체들이 정확하게 이해하고 지적해야 한다.

우리 사회는 '피해자 탓'을 하는 문화가 바뀌어야 많은 병폐가 해결될 수 있으며 공교육의 정상화도 가능하다. 이 사회는 왜 '피해자 탓'을 하는 사회가 되었는가? 답은 간단하다. 피해자를 탓하는 일이 더 쉽기 때문이다. 피해자 또는 약자를 비난하고 취약한 상태에 있는 사람을 내모는 것이 언제나 더 쉽고 간편하다.

학교폭력과 교권침해는 긴밀하게 연결되어 있다는 사실을 알고 있는가? 학교폭력 가해자가 동시에 교권침해 가해자가 되는 경우가 많다. 그런 경우, 피해 학생의 범위는 학교폭력 '피해자'에서 교권침해 피해 교사가 가르치던 '모든 학생'으로 확대된다. 피해 교사가 정상적인 교육 활동이 불가능하기에 학생들의 수업권이 박탈되기 때문이다. 이는 교권침해 상황이 발생하면 불가피하게 벌어지는 일이다.

학생들의 침해된 수업권은 그 누구도 보상하지 않는다. 오히려 피해 교사만이 학생들을 방치하고 수업을 진행하지 못했다는 죄책감을 떠안는다. 또한 업무를 제때 수행하지 못했다는 부채감에 시달린다. 실제로 피해 교사를 '민폐를 끼치는 사람'으로 보고 손가락질하거나 비난하는 사람들이 학교 내에도 있다. 아니, 많다. 하지만 결국은 당신의 자녀, 학교, 나아가 공교육 시스템 전체가 고스란히 감당해야 하는 모든 피해에 대한 책임은 가해자와 시스템에 있다. '견디지 못한' 피해자 탓이 아니다.

다른 피해는 없을까. 동료의 부고를 갑작스레 전해 들었을 많은 교사들과 그 교사들의 제자들을 생각해보라. 그리고 그들이 받았을 정신적 충격과 상심을 조금이라도 가늠해보라. 극단으로 내몰린 희생자를 비롯해 주변에서 입는 피해와 상처의 파장 또한 얼마나 큰지 짐작해볼 수 있을 것이다. 이 모든 파장은 희생자들의 탓이 아니다. 이 모든 것은 희생자들을 사회적 타살로 내몬 가해자들이 만든 결과다. 우리는 이것을 정확하게 알고 기억해야 한다.

가해자 보호가 우선인 학교

동료 교사가 2차 가해자가 되는 일도 생각보다 흔하다. 나는 담임을 맡고 있던 학교폭력 피해 학생을 보호하려다 가해 학생으로부터 폭언과 폭행을 당한 적이 있다. 물론 가만히 있었다면, 아무 일도 일어나지 않았을 것이다. 하지만 나는 피해 학생을 보호해야 했다.

가해 학생이 동일 양상으로 교권을 침해한 사안이 이전에 이미 한 번 있었다. 그러나 신규 교사였던 첫 번째 피해 교사는 가해 학생에 대해 교권보호위원회를 열지 않았다. 젊은 여성 교사에게 폭력을 행사해도 아무 문제가 일어나지 않음을 확인한 가해 학생은, 다시 거리낌 없이 폭력을 행사했고 학교폭력 피해 학생과 교권침해 피해 교사인 나로부터 이중으로 고소를 당했다.

같은 학교에 근무하던 모 교사는 교권침해 피해자인 나에게 "선생님, 애가 그런 것 가지고 경찰에 신고합니까? 애 좀 그만 괴롭히세요"라고 했다. 가해 학생을 싸고 도는 모 교사의 말에 피해 학생의 보호자가 분개한 것은 당연한 일이었다. 그럼에도 모 교사는 피해 학생은 물론이고 피해 교사인 나에게도 끝까지 사과하지 않았다. 학교와 교육청도 가해 학생을 피해 학생보다도 더 철저하게 보호하는 모습을 보였다. 가해 학생 측에서 민원을 제기할까 우려했기 때문이었다.

학교폭력과 교권침해 사안으로 퇴학 처분을 받은 학생이 이를 인정하지 않고 재심을 청구하자, 처분이 유예되었다. 그러자 학교에 다시 나올 수 있는 상황이 되었다. 학교와 교육청에서 피해 교사인 내게 제시한 유일한 조치는 가해 학생이 있는 학급에 수업을 들어가지 않는 것, 즉 수업을 교체해 이루어지는 분리 조치뿐이었다.

교육청과 학교에서는 가해 학생의 '학습권'이 엄연히 존재한다며 "퇴학 유예 시, 학교에서는 정상 출석을 허락할 수밖에 없다"고 했다. 나는 그 말에 "만약 그렇다면 학급의 나머지 학생들이 내 수업을 받을 권리는 없는 것이냐"고 되물었다. 가해 학생 한 명의 학습권 때문에 다른 학생들의 학습권을 박탈해야 하는지에 대해서는 교육청 장학사도, 학교 관리자도 시원한 답을 내놓지 않았다. 나는 수업을 교체하지 않겠다고 선언하고는 나에게 욕설을 퍼붓고, 나를 몸으로 밀치던 가해 학생이 있는 교실에 들어가 꿋꿋하게 수업했다.

이번 일이 처음이었던 것도 아니었다. 교사로 일하기

시작한지 얼마 되지 않았던 때, 교실 한가운데에서 다수의 남학생에게 성희롱 발언을 들었다. 당시 나는 '이 교실에서 다시 수업을 할 수 있을까?' 싶었다. 그때도 학교에서는 "학생들을 당장 정학시킬 수 없으니, 절차가 다 이루어질 때까지 선생님이 해당 교실에 들어가지 않는 방법으로 분리 조치를 한다"고 했다.

동일한 조치였다. 그때의 나는 도저히 그 학생들을 마주할 수 없어 그 교실에 몇 주 동안 들어가지 않았다. 당시 내 수업을 좋아하며 쉬는 시간에 교무실에 찾아와 애정을 표현하던 아이들을 비롯해 다수의 아이들이 오히려 수업권을 박탈당했던 것이다.

성적인 발언을 듣고 있던 순간이 떠올라 숨이 쉬어지지 않을 때면 수업을 제대로 할 수 없었다. 내가 처음으로 정신과를 다니며 상담을 받고 약물을 복용하는 동안, 이전처럼 활기차고 밝은 모습으로 담임 학급 아이들을 대하지 못해 매일 자괴감에 빠져 있었다. 그때 내가 맡고 있던 반 아이들이 받은 정신적 고통과 실질적 손해는 누가 보상해주는가? 피해 교사인 나 혼자 죄책감과 자기검열에 빠진 자신을 더 갈아 넣어 그 손해를 메꾸어보려 했을 뿐, 가해자 중 그 누구도 책임을 지지 않았다.

성희롱 사건뿐만이 아니었다. 어느 학부에게서 스토킹에 가까운 악성 민원에 시달려 두 달 동안 병가를 냈을 때도 마찬가지였다. 그때도 나는 사직을 결심했었다. 하지만 "꼭 돌아오셔야 한다"고 눈물을 흘리던 아이들, 내게 달려와 안기던 담임 반 아이들, 걱정 어린 표정으로 "선생님, 미안해하지 마시고 꼭 건강하세요"라고 말하던 방과후 수업 반 아이들 덕분에 교직에 계속 남기로 했었다. 아이들은 "수업을 끝까지 마치지 못해 미안하다"고 말하던 나를 도리어 위로해주었다.

학교는 사회화 기관이다

학교는 교육 기관이자 사회화 기관이다. '잘못하면 그에 따른 책임을 지고 벌을 받는다', '타인의 권리를 침해하면 자신의 권리도 제한된다'는 문명사회의 단순한 법칙을 학생들에게 교육할 의무가 있다. 그러나 현재의 학교는 '피해자가 가해자를 알아서 피해야 하는' 구조를 갖추고 있다. 오히려 이 사회를 그렇게 만드는 발판이 되고 있다.

학교에서 범죄를 저지르는 청소년들에 대한 마땅한 계도나 교화가 이루어져야 한다. 청소년들이 이미 범죄를 저지르는 일에 익숙해진 상황에 이것이 이루어지지 않고, '소년법' 같은 법 따위로 순진하게 가해자를 보호한다면, 학교 내부에서마저 가해자의 권리를 역설적으로 앞세운다면, 과연 학교는 사회화 기관으로서 제 역할을 하고 있는 것인가? 학교는 무고한 아이들이 심리적·물리적 폭력 피해에 노출되는 상황을 막을 수 있는 것인가?

학교는 모든 구성원을 폭력으로부터 보호할 의무가 있다. 하지만 지금의 학교는 과연 그런가? 학교는 사회에 나아갈 아이들에게 정의와 인권에 대해, 우리가 마땅히 지켜야 할 윤리와 타인의 권리를 상호 존중하는 일에 대해 제대로 가르치고 있는가?

교권침해를 겪은 후 내가 썼던 일기의 일부를 공개한다.

> 부당한 것에 대해서 부당하다고 말하지 않으면, 적극적으로 대처하지 않으면, 세상은 계속 같은 방식으로 흘러간다. 학교에서 동료 교사들은 학생이 교사에게 가해한 구도일 때 가해 학생이 받은 처분에

대해 재심을 청구하면 학생과 학부모에게 유리한 방향으로 처분되는 경우가 많다고 우려했다. 나는 그런 상황에 대해 가만히 있지 않겠다. 교권은 어디에도 없고 교사를 보호할 수 있는 제도도 유명무실한 상황이다. 시스템과 제도의 문제이다.

가해자에게 과도하게 감정을 이입하고 모두가 손가락질하는 가해자를 감싸는 것이 남다르고 정의롭다고 믿는 일부 사람들도 큰 병폐다. 그런 이들 때문에, 망가진 시스템 때문에 폭행과 숱한 폭력을 당하고 가정 전체가 눈물로 어떤 날들을 보내야 하는 피해 학생들을 보호할 수 있는 제도 또한 어디에도 없다.

(중략)

한 달 전 있었던 교권침해 사안으로 인해 못하거나 미룬 수업이 벌써 몇 개가 되는지 모르겠다. 특별 휴가를 받은 기간을 제외하고는 정규수업은 다 직접, 수업 교환 없이 했지만 수업하다가 버거운 적이 몇 번 있었다.

수업이라는 게 언제나 동일해야 하는, 하루에 몇 번씩 열리는 연극과도 같아서, 적당히 농담도 하고 너무 경직되지 않게 하면서도 틈틈이 주의를 환기시키고 집중하게 만들어야 해서, 에너지가 많이 든다. 그런 일을 매일 몇 시간씩 해내는데 교권침해 사안으로 에너지를 쏟고 나면 오히려 더 잘해야 한다는 강박 때문에 더 에너지를 소모하게 되고 그걸 조절하는 일이 쉽지 않다.

방과후 수업 또한 잦은 교육청 출장 및 상담으로 인한 휴강이 잦아지고 있다. 싫다. 퇴학 조치 징계를 받은 학교폭력 및 교권침해 가해 학생이 재심을 청구하면서 징계조정위원회에 피해 교원으로 참석해야 하고(참석 불참석의 선택권이 있었으나 내가 참석한다고 했다.) 그로 인해 또 마음이 버거워지면서 상담을 요청했고 관련한 연수 또한 이수하다 보니 일주일 내에 관련 출장만 세 번이다.

교권보호위원회를 요청했던 교사들은 모두 같은 이야기를 했다. 교권침해보다 더 큰 상처가 되었던 것은 자신들을 '민폐캐(민폐를 끼치는 사람)'로 여기는 관리자와 동료들이었다고 말이다. 그렇게 피해 교사들은 마땅한 피해보상이나 치료를 받는 것도 주저하게 된다. 그리고 지나친 자기검열을 하거나 습관적으로 자기 탓을 하다

때로는 죽음에 이른다.

가해자가 학생이 아니라 학부모인 경우는 상황이 더욱 심각하다. 가해자는 어떠한 대가도 치르지 않거나 철저하게 숨겨지는 경우가 많다. 최근 논란이 되었던 세종시의 '왕의 DNA' 학부모 사건을 비롯해 학부모가 가해자인 일련의 교권침해 사건들을 떠올려 보자. 교권침해 가해자의 행위보다도 피해 교사의 평소 행실 등이 억측에 시달리며 거론되는 경우도 있었다. 고 서이초 선생님을 괴롭혔던 가해자들은 아직까지도 정체가 숨겨져 있다.

교권을 침해한 가해자들이 실제로 교사를 협박하거나 불이익을 주는 경우도 많다. 가해자들이 피해자를 마음대로 휘두를 수 있는 이유는 간단하다. 그럴 수 있기 때문이다. 시스템이 가해자들의 갑질을 부추기고 거들어주기 때문이다. 처절하게 무너져가는 학교를 지탱하기 위해서는 더 많은 이들의 지속적인 관심과 시스템의 개선, 제도의 정비 그리고 사회 인식의 변화와 교직 문화의 변화가 절실하다.

5장.

학교는 어쩌다 '각자도생 정글'이 되었나

학교가 교사에게 요구하는 것

"여기는 정글이야, 알아서 살아남아야 해요. 무슨 일을 당해도, 누가 도와주겠어요?" 크고 작은 민원이 빗발치는 학교의 현실에 대해 이야기하다 한 선생님이 하소연하듯 말했다. 현재 학교는 각자도생 정글이다. 건강한 공교육이 이루어지기에는 교육 제공자인 교사들이 건강할 수 없는 환경인 것이다.

교권 추락의 원인은 하나가 아니다. 확실한 사실은 교권 추락과 많은 교사들의 죽음의 원인이 한국 사회 곳곳에 퍼져 있다는 점이다. 전국적으로 공론화된 교원평가 성희롱 사건이 아니더라도, 내가 일했던 학교에서는 한 해에도 몇 번씩 교권침해 사건이 일어났다. 관내 여러 학교에서도 한 학기에 여러 번 사건이 발생했다는 소식을 들었다. 하지만 그중 소수의 사건만 교권보호위원회까지 이어졌고, 속 시원하게 해결된 경우는 거의 없었다.

빈번한 악성 민원으로 학교가 시끄러울 때, 학교가 악성 민원에 대처하는 방안에 대해 동료 선생님들과 허심탄회한 이야기를 나눈 적이 있었다. 한 선생님은 "다 학생 편이고 다 학부모 편이지. 교사 편에서 생각해주는 관리자는 눈 씻고 찾아봐도 없어요. 오히려 '내가 마음만 먹으면 교사 하나 나락에 보낼 수 있다'는 생각으로 갑질하는 사람들은 있지만요"라며 답답한 심정을 토로했다.

"교사들, 다 붙잡고 물어봐요. 학생이나 학부모가 악성 민원 넣고 행패 부릴 때, 관리자가 나서서 교사를 보호해주고 다독여준 적이 있나. 전 이제껏 한 명도 못 봤어요. 실제로 교사가 아동학대로 신고만 당해도, 사실 여부를 확인하지도 않고 교육청에서 바로 '직위해제' 시켜버리잖아요. 관리자가 보호막 역할을 해주면 좋겠지만, 지금은 오히려 교사를 사지로 몰지 않으면 다행이에요.” 마음이 상당히 씁쓸했다. 나 역시도 같은 생각을 하고 있었다. 잇달아 다른 선생님들도 경험담과 의견을 털어놓았다.

6년 차 교사 G “스물여섯 살, 교사 3년 차였어요. 악성 학부모 민원에 시달렸는데, 어느 날 그 학부모가 다짜고짜 학교로 찾아온 적이 있었어요. 그 직후에 교장 선생님에게 혼이 났어요. ‘담임 선에서 처리하지 못해서 학부모를 교장실까지 오게 만든 교사’라고요. 어찌나 정색하며 면박을 주시던지, 기억이 생생해요. ‘교장실은 신성한 곳인데 찾아오게 만들었다’는 태도였어요. 마치 교장실이 무슨 성역인 것 처럼요. 교육 선진국에선 학부모가 학교장과 직접 상담을 하잖아요. 그런데 한국에서는 경력이 상대적으로 짧은 담임교사들한테 맡겨놓고, 관리자는 호통만 치는 게 참 이상해요.”

18년 차 교사 S “교감은 교장으로 승진해야 하고, 교장은 무탈하게 퇴임해야 하니, 도와주겠어요? 일개 평교사들이 갑질이나 민원에 시달리는 건 모르는 척해도 되는 시스템이에요. 교육청에서도 무조건 학부모를 ‘갑’으로 대하니까, 관리자들도 불똥이 튈까 봐 숨는 거지요. 악성 민원인데도 관리자도, 교사도 잘못한 것도 없이 죄송하다고 가해자를 달래가며 머리 숙이죠. 그 서러움을 사람들이 알기나 하겠어요? 하긴, 알아도 승진에 목마르면 어쩔 수 없지만요."

8년 차 교사 J "악성 민원까지 교사가 피드백하게 하는 시스템도 비합리적입니다. 악성 민원은 미리 걸러내야 하는데, 무조건 정식 민원으로 접수해요. 교사는 답변서를 작성해야 하고 민원인에게서 '만족', '불만족' 결과까지 받아야 합니다. 교사가 잘못한 게 없어도, 반복적으로 민원을 넣으면 교사를 충분히 괴롭힐 수 있는 시스템이죠. 일단 민원이 들어오면 관리자들은 교사를 불러서 질책부터 하고요. 그것만으로도 교사에겐 큰 스트레스입니다. 악성민원을 반복해서 넣어서 괴롭히는 게 무슨 유행처럼 퍼졌어요. 교사뿐만 아니라 일반 공무원들에게도 똑같은 문제가 벌어지고 있어요."

6년 차 교사 G "교사를 교육 주체로 보지 않는 것도 문제입니다. 교사를 감정노동 서비스직 종사자 또는 1:1

맞춤 보육교사처럼 인식하는 사회적인 분위기도 교권 침해의 원인 중 하나라고 봐요. 교사를 '24시간 대기조', 'C/S 콜센터'로 생각하는 학생이나 학부모가 많아지고 있어요. 퇴근 이후에도, 늦은 밤이나 주말에도, 심지어 새벽에도, 교사의 개인 휴대전화 번호로 연락하는 경우가 많습니다. '담임이 왜 연락이 안 되냐'면서 따지는 경우도 많고요. 만약 교사가 이런 스트레스를 피하려고 개인번호를 알려주지 않으면, 학부모가 학교로 전화해서 이를 요구하는 경우도 허다합니다. 교사의 기본적인 노동권, 인권에 대한 개념이 전혀 없는 겁니다."

8년 차 교사 J 악성 민원이 늘어나는 것 자체는 일반 공무원을 비롯해 다른 직군에서도 겪는 문제이기는 합니다. 하지만 교사 직군에 대해서는 특유의 도덕적인 잣대가 있는 것이 문제입니다. 교사가 '성직자'이기를 바라는 사람들이 있어요. 그리고 여초 직군이라는 이유로 업신여기거나 하대하는 사람들도 있습니다. 이 때문에 문제가 더 심각해지고 있어요. '교사는 학생과 학부모가 어떤 행동을 하든 참아야 한다', '교사는 봉사하는 마음으로 이런 행동도 견뎌야 한다'는 식의 생각을 행동으로 옮기는 사람들도 있죠. 교사 성비가 비슷하더라도, 젊은 여교사를 상대로 한 성폭력 및 교권침해의 빈도가 상대적으로 매우 높습니다. 교사는 '편한 직업'이라거나, '애나 보는 직업'이라는 편견도 만연해요. 그런 편견들 때문에 지금까지 현장의 고통스러운 목소리가 사람들에게 들리지 않았던 거라고 생각합니다."

선생님들과의 대화에서 교권 추락의 원인으로 언급된 요소를 정리해보면, 관리자, 시스템과 제도, 상부 기관, 갑질 문화, 교사에 대한 사회적 인식, 이렇게 다섯 가지이다. 이 모든 요소가 긴밀하게 연결되어 교권 추락에 기여하고 있는 것이다. 그렇게 학교는 각자도생 정글이 되어가고 있다.

관리자는 무엇을 관리하는가

현재까지 학교 현장에서 관리자들은 교권침해 상황에서 소극적인 대처를 해왔다. 이뿐만 아니라 적극적인 2차 가해를 하는 경우도 많다. 관리자의 2차 가해는 피해 교사를 '학생 및 학부모와 마찰을 일으킨 문제 교사' 또는 '일을 크게 만드는 사람'으로 취급하거나, 가해자 편에서 교사를 질책하는 식으로 이루어지기도 한다.

더 나아가 교사를 범죄자로 신고하는 경우도 있다. MBC PD수첩 <나는 어떻게 아동학대 교사가 되었나> 편에도 언급되었던 부산 지역 신규 교사의 자살 사건도 이에 해당한다. 해당 교사는 충분한 근거나 증거도 없이 아동학대범으로 신고당했다. 학교 관리자가 직접 해당 교사를 신고한 사례였다. 다른 방식의 2차 가해도 있다. 나처럼 사건을 공론화해 해결하고자 하는 피해 교사에게 "학생을 몰아가지 말자"라고 설득하거나 "사안을 조용히 지켜보자"고 종용하는 경우도 심각한 2차 가해에 해당한다.

교사로서 겪은 바에 따르면, 교감과 교장 등 학교 관리자들은 교권침해를 예방하고, 교사의 교육 권리를 세우는 것에는 크게 관심을 기울이지 않았다. 게다가 교권침해가 발생한 이후에도 적극적으로 대처하는 경우가 드물었다. 만약에 지금 이 글을 읽고 있는 당신이 그렇지 않은 관리자를 만났다면, 굉장히 운이 좋은 것이라 생각한다.

고 서이초 선생님이 학부모에게 시달리고 있을 때, 관리자들은 과연 어떤 조치를 취했을까? 학교 내 최고 상관들은 괴로워하는 저경력 교사에게 어떤 도움을 주었을까? 언론 보도에 따르면, 가해 학부모는 교사의 개인 휴대전화 번호로 지속해서 연락을 했다. 이에 대해 피해 교사는 "소름이 끼친다"며 힘든 심경을 호소했지만, 학교 측에서는 "전화번호를 빨리 바꾸라"고 권유했을 뿐 별 다른 적극적인 조치는 취하지 않았다. 과연 그 조치가 관리자들이 할 수 있는 최선이었을까.

관리자들이 교사들을 보호하지 않는 이유는 무엇일까? 첫째, 교사를 보호하지 않아도 그들은 아무런 제재도 받지 않는다. 둘째, 관리자들은 교사 편에 섰다는 이유로 가해자들의 표적이 되고 싶어하지 않는다. 그들 또한 제도적으로 보호를 받을 방안이 없기 때문이다. 쉽게 말하자면 잃을 것이 많으니 몸을 사리는 것이다.

이는 관리자에 대한 제도적인 보호 장치를 제대로 마련하지 않은 상부 기관의 잘못도 일부 있다. 우선 관리자들의 책임 범위가 분명하지 않다. 책임과 권리를 명시하고 그에 따른 보호 제도를 명시하는 것은 학교 내 최고 직책을 맡고 있는 교장과 교감에게 마땅한 권위를 부여하는 일이기도 하다.

현재는 교육 주체 간에 문제가 생길 경우, 담임교사 또는 교사 개인이 '알아서' 해결하고 감내하도록 대부분 상황을 방치하고 있다. 사실상 아무런 관리를 하지 않는 상황이다. 문제들이 지속적으로 터져 나오고 있음에도 불구하고 많은 관리자가 현 상황을 목도하고만 있다. 결과적으로 이러한 태도는 가해자의 편에 서는 것과 다르지 않다고 본다.

법적으로 관리자들의 적절한 개입과 대처를 강제하지 않는 것이 근본적인 원인이라고 생각한다. 예를 들면, 경력이 짧은 교사가 학부모의 악성 민원이나 폭언에 시달리고 있다면, 학교장이 해당 학부모와 직접 면담하는 조치를 법령으로 강제할 수 있을 것이다. 학교장의 제재에도 불구하고 교사에 대한 학부모의 폭언 및 폭력 행위가 멈추지 않는다면, 학교나 교육청 차원에서 가해자의 행위에 제동을 걸 수 있어야 한다.

이는 법적 절차를 통해 자동적으로 이루어져야 하는 시스템이다. 하지만 현재로서는 관련 법령은커녕 시스템도 갖추어져 있지 않다. 교사 개개인이 예측 불가능한 폭력과 악성 민원, 교권침해 상황에 무방비하게 노출되어 있다. 피해 교사를 위한 체계적인 보호 절차나 극단적인 상황을 방지하는 법적 제도가 전혀 없는 것이 현실이다.

가해자를 키우는 시스템

교육청과 교육부는 학교의 상부 기관이다. 이들은 학교 현장에서 벌어지고 있는 수많은 문제를 실질적으로 해결하는 데 실패했다. 현장의 목소리를 듣고 만들었다는 다양한 업무 경감 정책이나 교권 관련 정책은 현실과 괴리가 있는 것이 많았다. 오히려 학교 현장에 혼란을 주거나 업무 부담을 가중시키는 경우가 대다수였다.

교원평가 성희롱 공론화 당시 겪었던 일을 상기해보면, 교육청과 교육부는 적극적인 2차 가해자로 기능하기도 했다. 또한 '왕의 DNA' 사건에서 아동학대 신고를 당했던 교사를 직위해제한 경우를 보면, 오히려 소속 교원을 사지로 내몰고 가해자에게 조력자 역할을 한 셈이다. 의도했던 의도하지 않았던 결과적으로는 그랬다.

가해자들은 이런 상부 기관의 태도와 그 결과를 쉽게

학습한다. 지금의 상부 기관은 소속 교원을 보호하기는커녕 악성 민원을 빌미로 겁박하거나 징계를 내리고 인사적 불이익을 주고 있다. '품위 유지 위반'이라는 이유도 얼마나 갖다 붙이기 쉬운가. 교육청이 정의하는 '품위'는 일반적인 의미와는 아주 다른 경우가 많은 것 같다. 잠재적 가해자들은 '마음에 안 드는 교사 하나 정도 나락으로 보내는 일은 쉽다'는 것을 학습해왔을 것이다.

'내 아들에게는 왕의 DNA가 있다'고 주장하고 담임교사를 괴롭히다 직위해제까지 시켰던 학부모는 당당하게 그 다음 담임까지 협박했다. 교육부 공무원으로 알려져 있던 그는 결국 교육부로부터 직위해제 되었다. 고 서이초 선생님의 죽음 이후 뜨겁게 달궈진 여론과 지속적인 사회적 관심이 없었다면, 해당 사건 또한 세상에 알려지지 않고 묻혔을 것이다.

교사들은 느끼고 있다. 우리가 소속된 기관이 우리를 적극적으로 보호하고 노동권을 보장하기 위해 존재하는 것이 아니라는 사실을, 그리고 우리를 소중한 인적 자원이자 교육 주체로 대하기보다 거대한 톱니바퀴 안에서 언제든 대체될 수 있는 부품 정도로 여긴다는 것을 말이다. 그리고 나머지 교육 주체인 학생, 학부모, 시민들도 상부 기관의 태도를 고스란히 내면화한다. 그런 느낌을 받을 때마다 우리는 사기를 잃는다.

그렇게 해도 된다고 '생각'하기 때문에 사람들이 그렇게 '행동'한다. 그렇게 해도, 당장 자신에게 불이익이 생기지 않고 아무도 자신을 벌하지 않기 때문이다. 그렇게 해도, 당장 경찰에 연행되거나 책임을 지지 않기 때문이다. 결국 그런 생각이 교사 또는 누군가를 향한 폭언, 폭력, 협박, 악성 민원, 인권 침해를 만들어내는 것이다.

'교사 혐오'와 갑질 문화

교사를 향한 한국 사회 특유의 뒤틀린 시선이 있다. 나는 이를 '교사 혐오'라고 부른다. 이는 공무원 혐오와 여초 직군 혐오, 교사에 대한 성직관, 교사로부터 폭력을 경험했던 이들이 가진 교사에 대한 적대감, 그 모든 것이 버무려진 현상이라고 본다.

교사를 '편한 직업' 취급하고 하대하는 문화와 '교사

는 인내하고 희생해야 한다'는 교직에 대한 성직관이 사회적 인식으로 자리 잡은 것은 교직이 여초 직군이 되면서 생긴 현상이다. 여초 직군인 간호직에서 빈번히 겪는 성희롱, 아랫사람 취급하는 태도, 성직관의 강요(봉사하는 마음으로 일해야 한다는 인식) 등도 같은 맥락에 놓여 있다.

'철밥통', '내가 낸 세금으로 월급 받는 것들' 등의 흔하게 접하는 멸시적 표현은 한국 사회 특유의 공무원 혐오를 극명히 드러낸다. 공무원들은 국가 행정을 위한 노동을 하고 그 대가로 급여를 받는다. 다시 말해 '시민이 세금을 개인에게 주는' 시스템이 아니라, '시민에게 공공서비스를 제공하는 노동을 하고 국가로부터 급여를 받는' 시스템인 것이다.

공무원에 대한 멸시적 표현은 '노동'과 '노동 대가'에 대한 개념을 제대로 이해하지 못한 사람들의 몰인식에서 비롯되었다고 생각한다. 일부 사람들은 공무원들도 세금을 낸다는 사실과 자신을 포함해 시민들이 낸 세금으로 자신이 공공서비스를 무료로 이용한다는 사실을 간과하는 것 같다.

공무원이 '동네북'이라는 표현이 나올 정도로 공무원

을 욕하거나 민원으로 괴롭히는 일이 흔해졌다. 공무원이 선호 직군으로 꼽히는 시대는 이미 끝났다. 지금 이 순간에도 수많은 공무원이 공직을 떠나고 있다. 「"안정적 직장은 무슨... 박봉에 욕먹고 공황장애" 공무원이 떠난다」라는 제목의 머니투데이 기사에 따르면, 10년 새 7급 공무원 공채 경쟁률은 113:1에서 40:1로 하락했고, 9급 경쟁률은 22.8:1로 급락해 1992년 이후 가장 낮은 수치를 기록했다. 또한 임용 5년 차 이하 서울시 공무원 의원면직률은 8년 새 4.2배가량 증가했다.

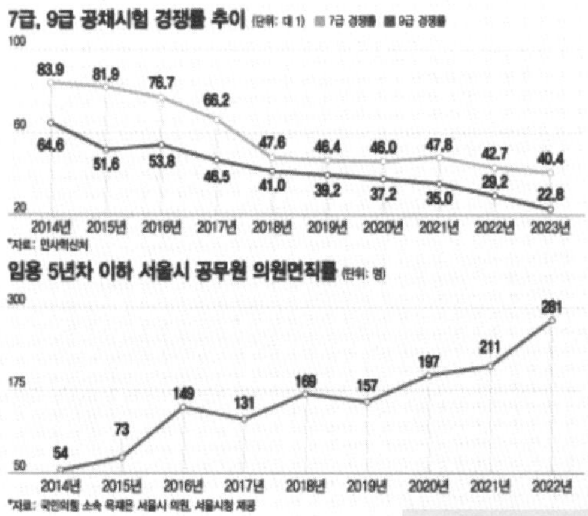

자료 출처: 머니투데이
2023년 6월 26일 기사

한국 사회의 잘못된 문화 중 하나는 자고로 모든 것을, 심지어 범죄까지, 인내하고 포용해야만 '진정한 교사'라고 보는 성직관을 모든 교사들에게 강요하는 것이다. 교사에 대한 성직관에 사회에 만연한 공무원 혐오가 더해지고, 게다가 과거 자신이 학생이던 시절에 겪었던 일부 교사들에 대한 분노가 현재 교사에게 투사되면, '교사 혐오'라는 완전체가 탄생한다. 이 또한 교권 하락의 큰 원인이다.

교원평가 성희롱 피해를 공론화했던 경험은 실로 이 사회의 거대한 교사 혐오를 마주하는 일이었다. 포털 뉴스 댓글창이나 일부 인터넷 커뮤니티에서 교사 혐오, 공무원 혐오, 교사에 대한 성직관이 드러나는 말을 접하는 것은 기본이었다. 예를 들면, '그래봤자 꿀 빠는 철밥통이면서', '그것도 못 견디는 게 무슨 교사라고', '교사들 너무 편하게 일하려고 한다', '학생을 고소하다니 그러고도 선생이냐?' 등의 말이었다. 여성 혐오와 여초 직군에 대한 혐오를 노골적으로 드러내는 2차 가해 발언도 당연히 있었다. '평소에 어떻게 하고 다니길래 성희롱을 당하냐?', '성희롱 가지고 호들갑 떠는 여교사들 멘탈', '여교사들 너무 예민하네' 등의 댓글도 있었다.

자신이 과거에 교사에게서 당한 치욕이나 폭력을 언급하며, '교사들은 이런 일 당해도 싸다', '교사들 극혐' 등, 맥락 없이 2차 가해를 하는 댓글도 많았다. 과거의 그 교사들은 아마도 지금쯤 연금을 받으며 편하게 지내고 있을 텐데 말이다. 누군가는 아직 그들을 용서하지 못하겠지만, 과거 세대 누군가가 저지른 과오에 대한 분노를, 같은 과오를 범한 적도 없는 현직 교사에게 투사하는 것은 옳지 않다.

이러한 행동이 정당하다고 생각한다면, 교사를 '마음대로 휘두를 수 있는 감정 노동자' 정도로 여기고 있는 것이다. 교사의 권위가 이토록 추락했기에, 교권침해가 빈번하게 일어나 극단적으로 내몰리는 교사가 많아진 현재의 사태는 어쩌면 예견된 일이었다. 근본적인 원인들이 해결되지 않는다면 상황은 앞으로 더 심각해질 수 있다고 본다.

교사를 향한 편견과 뒤틀린 인식, 한국의 갑질 문화가 맞물려 지금 우리가 알고 있는 학교 현장의 비극을 만들었다. 물론 특정 직군에 대한 잘못된 편견과 사회적 인식이 만연하더라도 제도적인 보호와 제재를 할 수 있는 장치가 갖춰져 있었다면 문제는 지금처럼 빈번하게, 심각한 정도로 발생하지 않았을 것이다.

교사는 객관적으로 '좋은' 직업일까

교사가 힘든 현실을 토로하면, "교사 편하잖아", "방학도 있는 최고의 직업이잖아"라고 반응하는 사람들이 꼭 있다. 그런 사람들에게는 "지금이라도 교사 하세요", "왜 교사 안 하셨어요? 지금이라도 교직 이수하거나 대학원 진학하면 교사로 일할 수 있어요. 꼭 도전하세요"라고 응수할 때가 있다. 그럴 때면 사람들은 당황하거나, 아예 "교사를 하고 싶지는 않다"고 답한다.

이런 답을 하는 사람들은 사실 교사라는 직업이 힘들다는 걸 잘 알고 있다. 박봉이라는 것도 알고 있다. "교사는 편하다"고 말하면서도, 교사가 현재 사회적으로 어떤 취급을 받고 있는지 알고 있다. 고생은 고생대로 하지만 '쉬운' 직업으로 하대 받는 것도 잘 알고 있다.

"교사되기 힘들잖아, 난 못해"라고 답하는 이들에게는 분명한 사실을 짚어주는 편이 좋다. 힘들게 교사가 되어도 받는 월급은 초임교사 7급 9호봉 기준 보직수당 제외 시 실수령 200만 원 미만이며, 교직 10년 차가 되어도 수당을 따로 받는 보직을 맡지 않는다면 실수령 300만 원 이하일 수 있다는 사실을 말이다. "교사되기까지 하는 고생을 생각하면, 받는 돈이 너무 적고, 차라리 안 하는 게 더 나을 수도 있다"고 덧붙여 교사가 되기 힘들어서 '못하는' 것보다는 '안 하는' 것이 더 나을 수 있다는 점을 분명히 해주는 것이 좋다.

가끔 '방학'을 언급하면서 방학이 온갖 갑질이나 민원을 감수해야 하는 이유라도 되는 양 구는 사람도 실제로 있다. 그런 사람을 마주할 때면 방학 기간 내내 제대로 쉴 수 있는 교사가 사실상 별로 없다는 사실을 알려준다. 방학이 있다고 해서, 현실적으로 감당해야 할 문제들과 그로 인한 고통이 모두 사라지는 것이 아니라는 것도 짚어준다.

'주당 수업 시수가 20시수 또는 그 이상이 되는데다가, 행정 업무, 평가, 성적 처리, 생활기록부 기록, 진로지도, 입시 지도, 생활지도, 상담, 민원 처리, 예산 관리와 처리까지 업무에 포함되며, 심지어 박봉인데 과연 편할까요?'라고 물으며 사실을 확인시켜 주어야 한다. '교사 편하다'는 말에 일일이 대응하는 것이 피곤하게 느껴

지더라도, 교사들이여, 이제는 그렇게 해야 할 때가 되었다. '방학' 염불을 외고 '좋은 직업이니 어떤 경우에도 불평하지 말라'는 태도를 비치는 이들이 현실을 어렴풋이나마 알 수 있게 말이다.

교사가 정말 '객관적으로 좋은 직업'이라면 왜 현장의 수많은 교사가 우울증에 시달리거나 자살로 내몰리는 걸까? 2023년 9월 5일 전국교직원노동조합과 녹색병원이 2023년 8월 전국의 유치원, 초·중·고 교사 3,505명(여성 2,911명, 남성 587명)을 대상으로 한 직무 관련 마음 건강 실태조사 결과에 따르면, 교사 중 24.9%가 경도 우울 증상을, 39.3%는 심한 우울 증상을 보였다고 한다.

녹색병원이 동일한 조사 도구로 조사했을 때 일반 성인의 심한 우울 증상 유병률은 8에서 10%로, 교사들의 심한 우울 증세 발병 가능성은 일반인보다 4배 가량 높다. MBN 뉴스에서 교사 자살률에 대해 다루었던 적이 있었는데, 해당 통계를 살펴보면 2023년을 기준으로 최근 6년간 자살한 교사는 무려 100명이며 그중 절반 이상(57명)이 초등학교 교사다.

< 최근 6년간 공립 초·중·고 교원 자살 현황(학교급 별)(단위: 명) >

연도	학교급 별			합계
	초등학교	중학교	고등학교	
2018	7	-	7	14
2019	8	2	6	16
2020	10	2	6	18
2021	16	4	2	22
2022	12	3	4	19
2023	4	4	3	11
합계	57	15	28	100

자료 출처 : MBN 2023년 7월 30일 뉴스

오직 '직업적 안정성'만 생각하면 교사는 좋은 직업이라고 할 수 있다. 해고가 어렵다는 점, 임금차별이 없는 점, 육아 휴직 등으로 인한 경력 단절이 없는 점 등이 이유일 수 있다. 한국 현실에서는 전반적인 노동 환경이 하향 평준화되어 있기 때문이다.

나에게는 교직이 오히려 안정적이지 못한 직업으로 느껴졌다. 방학은 있으나 대체로 안전하지 않고, 무방비하게 악성 민원에 시달리거나 인권침해에 내몰리는 직장을 과연 '안정적'이라고 볼 수 있을까? 많은 교사들이 사람들의 '방학 타령'에 진절머리를 낸다.

개인적인 경험을 말하자면, 교사가 되고 나서 방학 기간에 제대로 쉬어본 적이 단 한 번도 없었다. 학교 또는 맡은 과목, 업무에 따라 개인 편차가 있을 수는 있지만, 고등학교에 일했던 나는 방학 동안 보충 수업, 생활기록부 작성과 검토, 업무와 잡무, 각종 연수와 회의, 다음 학기 커리큘럼 준비 등으로 언제나 바빴다.

친구들이 일반 직장에 다니며 연차를 모아 비수기에 여행을 떠나는 모습이 언제나 부러웠다. '방학에 몰아서 쉰다'며 나를 부러워하는 친구들에게, 평소에 아프거나 일이 생겨도 연차나 병가를 하루 쓰는 것도 힘들고, 방학에 정작 쉬지도 못하는, 내가 겪는 현실을 이야기해주면 '이게 실화냐'라는 반응이 많았다.

방학 기간에 제일 길게 쉬어본 건 10일이었고, 그마저도 생활기록부를 교차 점검하느라 중간에 몇 번씩 근무지에 나가야 했다. 그동안에도 학생들에게서 계속 연락이 오고 상담 요청도 들어왔다. 방학 기간이 휴가 기간이 된 적은 거의 없었다. 방학은 있으나 대체로 '안전'하지 않고, 무방비하게 악성 민원에 시달리거나 인권침해에 내몰리는 직장을 과연 '안정적'이라고 볼 수 있을까?

실제로 우울증에 시달려 사직하거나 자살하는 교사가 정말 많다. 나는 개인적으로 교사들의 우울증 발병률과 자살률이 높은 이유가 '편한 직업'이라고 바라보는 사회

시선 때문이라고 생각한다. 이 시선은 교사가 겪는 고통과 스트레스를 터놓기 어렵게 만든다. 또한 교사 자신이 '내가 나약한 것인가'라며 끊임없이 자문하게 한다.

나도 힘든 상황을 겪으면서 도저히 버틸 수 없다고 느낄 때 주변에 털어놓기도 했다. 하지만 가족과 가장 가까운 이들마저도 '그래도 교사가 편한 직업인데', '그래도 좋은 직업이잖아'라고 말하곤 했다. 교사로 평생 일할 생각이 없다고 말하면 대뜸 '그 좋은 직업을 왜 그만둬요?'라고 묻는 이들도 많았다. 그런 일들이 몇 년씩 반복되니 나중에는 힘든 일이 생겨도 주변에 말을 할 수 없었다. 점점 입을 닫고 마음도 닫게 되었다. 그리고 끊임없이 자신을 의심하며 괴로워했다.

과연 교사가 사람들이 말하는 것처럼 '쉬운' 직업인가에 대한 의문도 들었다. 온종일 서서 수업을 하고, 수업이 없는 시간에는 공문 접수와 문서 처리 등 행정 업무를 한다. 쉬는 시간에는 전화를 걸고 받느라 정신이 없고, 학생들은 예고 없이 찾아오거나 사고를 친다. 수업 준비에 허덕이고, 항상 시간에 쫓긴다. 그러면서도 10대 아이들과 부대끼며 지도하려면 평정심을 유지해야 한다. 점심시간에도 밥을 욱여넣듯이 먹고는, 내내 서서 급식 지도를 하거나, 연수를 받거나, 회의를 한다. 제시간에 퇴근하는 일도 거의 없고, 추가 수당은커녕 월급도 많이 받지 못한다.

학교라는 일터, 교사라는 직업은 과연 많은 이들이 말하듯 쉬운가. 교사는 물리적으로도 정신적으로도 인격적으로도, 언제 공격받을지 모르는 위험에 항상 노출되어 있다. 수백 명의 학생과 보호자가 교사에게는 늘상 완벽한 서비스를 요구한다. 한창 민감한 시기에 있는 10대 청소년들과 매일 온종일 부대끼며, 예측할 수 없는 온갖 사건들이 터지는 일터인 것이다.

때로는 내가 나약한가 생각하다가, 때로는 교사들이 거대한 사회적 가스라이팅을 당하고 있다는 생각이 들기도 한다. 그러다 보면 우울증에 취약한 상태가 된다. 확실한 보상도 주어지지 않고, 사회적 인정도 받지 못하며, 관리자들도 상부 기관도 교사를 보호하지 않기에, 우울과 고립감이 계속되면서 자살을 고려하게 된다.

아무 것도 하지 않으면, 아무 일도 일어나지 않는다

학교에서는 어떤 교사들이 살아남을 수 있을까? 두 교사의 이야기를 단적인 예로 들어보겠다. 교사 A와 교사 B는 같은 학교에서 동일한 학생들을 가르친다.

교사 A A는 학생들 생활지도에 쉴 틈 없이 적극적으로 임한다. 학생들이 혐오 표현을 쓰거나 폭력을 휘두르거나 성희롱을 하거나 타인에게 불쾌감을 주는 행동을 할 때는 적절히 지적한다. 그리고 학생의 행동 교정을 위해 훈계와 지도를 한다. 다양한 교육 활동을 기획해 학생들에게 더 많은 교육의 기회를 제공하며 학생들과 자주 접촉하고 상호작용을 하려 한다.

교사 B B는 학생들에게 어떤 제재나 교정도 시도하지 않는다. 학생들이 혐오 표현을 써도, 타인에게 폭력을 가하고, 성희롱을 해도, 타인에게 불쾌감을 주는 행동을 지속해도, 훈계나 지도를 하지 않는다. 정해진 수업 시간 외에는 별도의 교육 활동을 하지 않는다. 그가 원래부터 그랬는지 혹은 무력감을 학습하여 변한 것인지는 알 수 없다.

두 교사 중 민원의 대상이 되거나 교권침해 상황에 더 빈번하게 노출되는 쪽은 누구일까? 문제 행동을 하는 학생과 더 자주 부딪히고, 학부모와 지도 내용에 대해 상담을 하는 횟수가 절대적으로 많은 쪽은 누구일까?

'아무것도 하지 않으면 아무 일도 일어나지 않는다'는 말이 교사들 사이에 자조적으로 퍼질 만큼, 학생들 지도에 적극적이며 더 많은 상호작용을 하는 교사는 필연적으로 교권침해에 노출될 가능성이 높다. 교사 B의 경우, 적극적인 교육 활동을 하지 않기에 오히려 악성 민원이나 교권침해에 노출될 가능성이 현저히 낮다. 학생들을 지도하려고 하면 '정서적 아동학대'를 한다며 신고당할 위험을 무릅써야 하는 것이 학교 현장의 현실이다. 교권침해의 경험은 교사를 마모시키고 오랫동안 교사에게 무력감을 학습시켜 교사 A에 가깝던 교사를 교사 B처럼 변화시키는 경우도 다수 있다.

교사 A 집군과 교사 B 집군 중 학교에 더 오래, 더 많이 남게 되는 쪽은 누구일까? 어느 쪽이 더 오래, 더 많이 공교육 현장에 남아 더 장기적인 영향을 미칠까? 그렇다면 학생들은 결국 어떤 교육 환경을 거쳐 사회에 나가는 것일까?

현재로서는 교사 A가 교권침해에 빈번하게 노출될 때, 시스템으로부터 보호받지 못한다. 따라서 안전하게 노동할 수 있는 방법이 없다. 결국 교사 A는 교단을 떠나거나 버티며 병들어가다 '아무것도 하지 않는' 선택을 할 수 있다. 그렇다면 장기적인 관점에서 공교육은 제 기능을 하며 유지될 수 있을까? 전반적인 교육의 질이 낮아지는 것은 물론이고, 우리는 학교가 사회화 기관으로서 제대로 기능할 수 있는지를 걱정해야 할 것이다.

학교는 학생들이 사회화를 거치는 교육 기관이다. 교육과정에서 잘못된 행동에 대한 적극적 제재와 교정 없이 자라난 아이들이 사회에 쏟아져 나온다면, 이 사회의 안녕과 안전 또한 전혀 보장되지 않는다. 우리는 모두 의무교육을 거치고, 보통의 경우 고등학교 과정까지 거쳐 사회에 나간다. 모두 일정 기간 '학교'를 거쳐 사회에서 시민으로서 살아가는 것이다.

대부분의 시민이 무너진 공교육 속에서 살아남은 교사 B의 교육을 받으면서 자랐다고 생각해보라. 타인에게 해를 가하고, 보편적 윤리 규칙을 위반하는 행동이 교정되지 않은 시민들이 사회에 쏟아져 나온 디스토피아를 상상해보라.

지금 무너져가는 공교육을 바로잡지 않으면 이 디스토피아는 곧 우리 앞에 펼쳐질 것이다. 교사를 지금처럼 무력하게 만들고, 보호자는 자녀들의 잘못된 행동을 교정하거나 사회화를 돕기는커녕 '우리 애를 학대한다'고 교사를 몰아가고, 학교가 '아무것도 하지 않아야' 교사에게 안전한 환경이 된다면, 그 대가는 모두가 함께 치르게 될 것이다.

수많은 문제가 곪아 터질 때까지 교육 당국은 교사들의 절규에 귀 기울이지 않았다. 이 사회의 구성원들도, 교단을 떠나고 자살을 하면서까지 목소리를 낸 교사들의 이야기에 충분히 귀 기울이지 않았다.

우리는 이미 너무 많은 사람을 잃었다. 고 서이초 선생님의 죽음 이전에도 많은 교사가 자살을 했다. 그 안타까운 죽음들은 고 서이초 선생님의 죽음 이후, 세상에 뒤늦게 알려졌다. 고 서이초 선생님을 추모하는 기간에도 교사 동료들의 자살 소식은 끊이지 않고 들려왔다. 너무 끔찍해서 묘사조차 할 수 없는 악몽 같다.

고 서이초 선생님 이전에 스스로 생을 마감한 기간제 선생님의 이야기가 유족을 통해 세상에 알려졌을 때, 그 또한 학부모의 협박과 폭언, 과도한 업무 등으로 우울증에 시달렸다는 사실이 드러났다. 또한 2021년 경기도 의정부의 한 초등학교에서 두 명의 신규 교사가 학부모 갑질 때문에 연달아 자살한 사건이 '단순 추락사'로 종결된 사실이 유족들에 의해 뒤늦게 알려졌다.

고 서이초 선생님의 죽음을 추모하는 집회가 매주 열리던 8월에는, 한 날에 서울과 전북교육청 관할 초등학교에서 일하던 교사 두 명이 각각 자살로 생을 마감했다는 뉴스가 보도되었다. 그리고 9월에는 학부모로부터 4년간 지속적인 악성 민원에 시달렸다는 대전시 초등학교 교사의 자살 소식과 병가로 휴직 중이던 청주시 초등학교 교사 자살 소식이 잇따라 들려왔다.

단 한 명의 죽음이라도 누락이 될까 봐 나열하는 것조차 두렵다. 과거에 알려지지 못하고 묻혀 있던 교사들의 자살과 그 배경이 하나씩 드러났다. 그리고 새롭게 들려오는 자살 소식들이 내내 쏟아졌다. 당시 교사들은 집단 트라우마에 시달리는 것과 다름없는 상태로 새 학기를 맞고 다시 업무에 임했다. 교사들은 결국 2023년 9월 4

일 추모를 위한 총파업 행동을 추진했고, 당시 교육부의 '징계'를 운운하는 겁박에도 시달려야 했다. 추모 집회를 계속하는 동안에도 참담한 소식들은 끊임없이 들려왔다.

이제 이 사회와 교육 당국은 답해야 한다. 학교를 모두에게 안전한 곳으로, 법과 정의와 문명사회의 규칙이 작동하는 곳으로 만들기 위해 무엇을 해야 하는가? 필요한 조치들은 무엇인가? 인식과 제도는 어떻게 변해야 하는가? 이러한 변화를 위해서 발 빠르게 움직여야 할 이들은 누구인가? 당장 가장 시급하게 변화하고 적용되어야 할 것들은 무엇인가?

우리에게 필요한 의식 변화와 각성은 어디에서 오는가에 대한 질문에도 답을 해야 한다. 잘못된 행동에 대한 제재 장치는 어떻게 효율적으로 작동할 수 있는가? 지금까지 밝혀진 문제들과 희생된 이들에 대한 법적 및 도의적 책임은 누가 질 것인가? 시스템이 가해자가 되지 않기 위해서는 어떻게 해야 하는가?

우선 정책 결정자들이 각성하여 실질적인 해결책을 찾아야 한다. 현장의 목소리에 다방면으로, 적극적으로 귀를 기울여야 한다. 가해자들에 대한 확실한 처벌과 제재, 피해자들에 대한 체계적인 보호가 가능한 시스템을 구축해야 한다. 가해자 개인을 지적하거나 처벌하는 것에서 끝나는 것이 아니라, 현 시스템의 병폐까지 명백히 드러내고 변화를 도모하는 것이 중요하다. 이에 대해 교육 주체들은 물론이고 시민 모두가 함께 지속해서 목소리를 내야 한다.

6장.

성범죄로 교실 내 위계가 무너지고 있다

교실에서 젠더 권력이 작동하면 일어나는 일

2022년에는 교원평가 성희롱 사건뿐만 아니라 세종시에서 남자 고교생들이 여교사 다수를 불법 촬영한 사건 또한 뉴스에 대대적으로 보도되었다. 비단 세종시 뿐만이 아니었다. 최근 몇 년간 전국 각지에서 남학생이 여교사 또는 동급생을 상대로 불법 촬영을 한 사건이 다수 보도되었다. 2023년 말에도 제주시 소재 공립 고등학교에서 남학생이 여교사를 불법 촬영을 한 사건이 있었다. 피해 여교사가 가해자 집에 가정방문을 하도록 관리자가 지시한 사실까지 드러나면서, 심각한 2차 가해에 해당하는 학교의 대처가 논란이 되어 뉴스에 크게 보도되었다.

현재 교권 추락과 수많은 교내 인권침해 사건에 대해 논하면서도, 분명하게 짚고 넘어가야 할 지점을 그 누구도 공식적으로 논하고 있지 않다. 바로 '교실 내 젠더Gender 위계'와 '늘어가는 교내 성폭력'에 대한 이야기이다. 너무 늦기 전에, 또다시 누군가의 희생과 목숨 값을 치르고 나서야 문제를 수습하고 제도를 개선하기 전에 분명하게 논의되어야 할 부분이다. 미리 이 문제의 원인을 분석하고 해결책을 시행해야 한다.

불법 촬영은 최근 몇 년간 급증한 성범죄 유형이다. 교내 불법 촬영의 범죄 대상은 여교사뿐만 아니라 여학생인 경우도 많다. 불법 촬영은 범죄 유형의 하나일 뿐, 성희롱을 비롯해 성 관련 교권침해 사건은 전국의 학교에서 비일비재하다. 한 해에도 몇 건씩 큰 사건이 뉴스에 보도되고, 교내 성폭력 사건은 매년 누적되고 있다. 하지만 교육 당국은 아직 이에 대한 분석 자료나 유의미한 통계 자료 또는 이렇다 할 해결책도 내놓지 않고 있다. 교내 성폭력과 교사를 대상으로 한 성범죄, 그로 인한 교권 추락 문제는 사회적으로 충분히 논의되지 않은,

그러나 반드시 논의되어야 하는 의제이다.

남성 학생이 여성 교사를 상대로 성범죄를 저지르는 경우, 이 범죄가 불러일으키는 파장은 굉장히 특수하고 강력하다. 이 경우 가해자가 일반적으로 상정되는 '교사-학생'의 위계를 넘어서는 '젠더 권력'을 인지하고 범죄를 행한 것이기 때문이다. 교사를 '성적으로 대상화' 하는 시각을 가지는 것을 넘어 범죄 행동으로 옮겼다는 점이 중요하다.

교사-학생의 위계를 넘어서는 젠더 권력이 작동한 경우, 교사와 학생 간의 뒤집어진 관계성은 다시 회복되기 어렵다. 효과적인 성인지 감수성 교육으로 교정에 성공한 경우만 일부 회복될 수 있을지도 모르겠다. 이러한 성범죄의 경우, 피해 교사 개인뿐만 아니라 주변에 생기는 파장 또한 크며 이에 따른 교권 하락 문제까지 이어진다.

교사-학생 관계가 젠더 위계에 의해 전복되고, 교사로서의 권위를 잃는 경험은 피해 교사들에게 매우 큰 무력감과 트라우마를 심는다. '교사'이지만 동시에 '여성'이므로, 교사를 '성적 대상화'하고 '성적으로 모욕'한 경험이 있는 가해자들은, 여성 교사가 더 이상 지도하거나 교정을 하는 것이 불가능하다.

교사-학생의 일반적인 관계에서는 교사의 최소한의 권위와 '지도함-지도를 받아들임'의 관계성이 상정된다. 하지만 이러한 관계성은 학생이 교사를 성적 폭력의 대상으로 삼는 순간부터 철저하게 무너진다. 상대방을 한 명의 인간으로 인식하지 않고, 성적으로 물화할 수 있는 대상으로 상정하고, 범죄 행동까지 실행한 학생에게 어떻게 교사의 권위를 가질 수 있겠는가. 나아가 어떻게 교사-학생의 관계성을 다시 상정해 지도와 훈육을 할 수 있겠는가.

성범죄가 아니더라도 교실 내 젠더 권력은 남학생이 여교사를 물리적으로 위협하는 경우에도 작용한다. 자신이 '분노조절장애'임을 주장하던 남학생이 여성 교사 앞에서는 물리력을 행사하거나 폭언을 하다가, 체격이 큰 젊은 남성 교사 앞에서는 갑자기 분노를 잘 조절하는 경우도 있었다. 그 학생의 분노는 오로지 자신보다 물리적 힘이 약한 사람 앞에서만 터져나왔다. 과연 이것은 진정 '분노조절장애'가 맞는 걸까? 특정 인물, 특정 성별 앞에서는 조절이 되는 분노인데 말이다. 고등학교 남학생의 경우, 성인과 같은 수준의 신체적·물리적 특징을

갖기에 여성 교사가 남학생을 물리적으로 제재하는 것은 사실상 어렵다.

친구에게 폭력을 휘두르거나 부적절한 행동을 하려는 학생을 제지해야 할 상황이 생겼다고 가정해보자. 교사의 권위가 정상적으로 작동해 물리력을 쓰지 않고도 행동을 저지할 수 있는 게 가장 이상적이다. 하지만 물리력을 쓰지 않고는 해결할 수 없는 상황이 생기곤 한다. 교사가 '나를 물리적으로 제지할 수 없다'는 것을 인지하면, 문제 학생이 오히려 더 폭력적으로 행동하는 경향이 있다. 걱정스러운 점은 오로지 힘의 논리로만 행동을 결정하는 아이들의 비율이 해가 갈수록 조금씩 늘어간다는 것이다.

스쿨 미투 운동이 필요한 이유

교사-학생 관계에서 상정되는 위계를 이용해 남교사가 여학생을 상대로 성폭력을 가하는 경우도 더러 있다. 이는 피해 학생들이 주도한 '스쿨 미투' 운동을 통해 세상에 알려진 바 있지만, 성폭력을 공론화한 여학생들은 지금도 긴 싸움을 이어가고 있다.

교내에서 성폭력이 발생하면 피해자가 교사든 학생이든, 일단 '쉬쉬'하고 보는 분위기가 아직도 지배적이다. 피해자가 피해 사실을 밝히기 꺼려하거나, 위축되어 숨거나, 제대로 보호받지 못하는 상황도 빈번하게 발생한다. 학교는 폐쇄적이고 보수적인 집단이다. 피해자 입장에서는 피해 사실이 사람들의 입에 오르내리게 되는 것 자체를 꺼리는 경우가 많다. 이는 사안을 축소시키고 피해자가 적극적인 대처를 하지 못하는 결과로 이어진다.

나 또한 성희롱의 피해자가 되고서야 비로소 나 혼자만 겪는 일이 아니었다는 걸 알게 되었다. 하루는 피해 교사들이 모여 그동안 교직에서 겪은 성희롱 피해에 대해 토로하면서, 우리가 모두 함께 진실을 말하면 "세상이 터져버릴지도 모른다"고 농담조로 말하기도 했다.

어떤 학생은 여교사의 신체를 훑어보며 "선생님, 너무 탱탱하네요, 물론 피부가요"라며 낄낄거리기도 했다. 교실에서 음담패설을 하고 은어를 쓰면서 선생님이 알아듣는지 반응을 살피며 웃는 경우도 있었다. 일부 학생은 수업 중에 노골적으로 여교사의 신체 부위에 시선을 고정하고 관찰했다고 했다. 작문하는 수업 활동에서 교사를 성적으로 욕망한다는 내용을 비유적으로 적어내고는, 농담이라며 낄낄대며 무마하는 학생들에게 넌덜머리가 났다는 경험담도 있었다.

사례는 참으로 다양하기도 했다. 하지만 교사들을 대상으로 한 성범죄만 늘어날 리가 있겠는가. 또래 여학생들을 상대로는 그 수위가 더 심하지 않았겠는가. 성희롱 또는 디지털 성범죄 사건이 한 지역 안에서도 하루가 멀다 하고 터져 나오고 있다. 세상에 알려지는 사건들은 극히 일부다. 대부분의 사건은 학교 안에서 덮이고 무마된다. 그렇게 또 문제들이 곪아 썩어가고 있는 것이다.

교내에서 벌어진 성폭력을 세상에 알리는 '스쿨 미투' 운동이 학생들 중심으로 시작되었을 때, 많은 피해 학생이 용기를 내어 자신들이 당한 성폭력을 세상에 알렸다. 하지만 성범죄를 저지른 것으로 밝혀진 교사 중 아직까지 제대로 처벌받지 않은 이가 많다. 교내 성폭력 사실을 용기 내어 밝히고 가해자들을 고발했던 학생들은 현재도 지난한 싸움을 이어가고 있다.

교사가 학생에게 성범죄를 저지르는 경우, 교사-학생 간의 위계가 성범죄에 이용되는 경우이기에 보다 엄중한 처벌이 이루어져야 한다. 그렇지 않으면 또다시 피해자가 발생할 가능성이 크다. 학생들이 자신이 당한 성폭력을 바깥에 알리는 것은 성인보다 더 어렵기 때문이다. 더 이상 교내 성범죄 문제가 곪아 썩지 않도록 우린 이제 '스쿨 미투' 운동에 더 지대한 관심을 갖고 적극적으로 지지해야 한다.

교내 성범죄를 예방하는 '성인지 감수성 교육'

대부분의 10대 소년은 성범죄를 저지르지 않는다. 극히 일부가 성범죄를 저지르는 것이다. 따라서 교내에서 발생한 성폭력에 대해 '남학생들은 그럴 수 있다'고 전제하는 것은 타당하지 않다. 이는 일반 남성들에게도 모욕적인 전제다. 남학생들과 남성 일반까지 모두 잠재적 범죄자로 취급하고 깎아내리고 있다는 점에서도 '남학생들은 그럴 수 있다'는 식의 견해는 매우 위험하다. 이를 일깨우기 위해서라도 성인지 감수성 교육은 중요하다.

신규 교사 시절, 남학생들에게 집단 성희롱을 당한 적이 있었다. 피해자인 나에게 당시 나이가 많은 여성 교사가 "그러게, 왜 남고에서 스커트를 입고 다녀? 평소에 옷차림을 더 조심해야지, 본인 책임도 있어"라며 면박을 주었다. 그때 나는 너무 큰 충격을 받은 나머지 그 후로 몇 년 동안 치마를 입고 출근하지 못했다.

성범죄 피해자에게 옷차림이나 평소 행동 때문이라고 손가락질하는 이들이 있다는 건 알고 있었다. 하지만 여성 선배 교사에게 공개적으로 그런 말을 듣는 것은 차원이 다른 경험이었다. "애들이 원래 그렇잖아", "애들이 선생님 좋아해서 그래"라며 별일 아닌 듯이 말했던 남자 동료들도 있었다. 심지어는 "이 정도는 흔하게 있는 일인데, 교권보호위원회에 특별휴가까지 신청하다니 유난"이라는 반응을 보인 교사도 있었다. 그 후로 상처 입은 짐승처럼 웅크려 지내는 것이 일상이 되었다. 피해를 입은 것마저 내 잘못인 양 위축되었고 끝없이 스스로를 검열했다. 그리고 자괴감과 우울감에 빠졌다.

학생들이 하는 성희롱쯤은 '쿨하게' 넘기는 게 좋다는 동료 여성 교사들도 있었다. 괜히 일을 크게 만들거나 상처받을 필요도 없이 '넘어가면 된다'는 태도였다. 하지만 나는 '쿨하게' 넘길 일이 있고 그렇지 않은 일이 분명히 있다고 생각했다. 그들의 그런 태도가 오히려 방어기제처럼 보이기도 했다. 그런 태도가 다른 교사들과 학생들에게 유해할 수 있다는 사실은 인지하지 못한 것 같았다.

이런 식으로 '남자애들이 한창 혈기왕성할 때인데 그럴 수 있다'며, 교내 성폭력 또한 여교사가 감내해야 하는 일로 취급하는 사람들은 학교 안에도, 학교 밖에도 있다. 교원평가 성희롱 사건을 공론화시켰을 때도 '교사가 저런 것도 못 견디냐, 남학생들이 그럴 수도 있지'라는 내용의 2차 가해 댓글을 수십 건 제보 받았다.

특히 교원평가 성희롱 사건은 한국 인터넷 커뮤니티 문화의 일면이 드러난 사건이었다. 온라인 익명 커뮤니티 글에 댓글을 달 듯이 성희롱 발언을 교원평가라는 시스템 안에 남긴 것이었다. 다수의 교사에게 직접적인 성희롱 발언을 쓴 가해자 학생은 경찰에 추적되고 교육청에 회부되자 "추적할 수 있을지 몰랐다"고 말했다.

세상에 공개된 교원평가 성희롱 발언 내용을 보면서 사람들은 경악했다. "어떻게 학생이 교사한테 저런 말을", "요즘 애들 상태 너무 심각하다", "선생님들 저런 말 듣고 어떻게 계속 학교 다니냐", "선생님들 멘탈이 걱정된다" 등 수많은 반응에서 사건이 주는 충격과 파장을 고스란히 느낄 수 있었다.

사건이 빠르게 퍼지고 이슈화된 것은 그 내용이 매우 충격적이고 저급했기 때문이다. 이후 인터넷 커뮤니티나 포털 뉴스 댓글 등에서 저급한 2차 성희롱 발언들을 마주했을 때, 가해자 학생이 특정 온라인 커뮤니티에서 흔하게 볼 수 있는 태도와 말투를 그대로 흡수해 교원평가 서술형 항목에 성희롱을 작성했다는 것을 알 수 있었다.

교원평가 성희롱 사건 외에도 지금까지 전국에서 수많은 성 관련 교권침해 사건이 벌어지고 있다. 이는 성인지 감수성을 갖추지 못한 일부 학생들이 이 사회의 추악한 일면을 고스란히 내면화하여 드러낸 결과다. 교내 성폭력은 머지않아 더 큰 사회 문제로 번질 것이다. 더 많은 학생, 더 많은 교사가 피해자가 될 것이다.

교권이 제도적으로 보호되어 회복된다고 해도, 성인지 감수성이 망가져 있다면, 교내 성범죄는 계속 일어나 또 다른 큰 문제가 될 것이다. 이 문제를 지금 회피한다면, 다른 문제처럼 해결되지 않은 채로 곪아가다가 어느 순간 걷잡을 수 없이 터져 나올 것이다. 그때는 이미 많이 늦은 때일 것이다.

교내 성폭력을 방지하기 위한 적극적인 교육 및 예방책, 피해자 보호 및 구제책에 대해 교육 당국이 심도 있고 실질적인 논의를 해야 할 시점이다. 특히 이를 해결하기 위해 필요한 '성인지 감수성 교육'에 대해서도 누군가는 이를 지속적으로 언급하고 논의해 중요성을 강조해야 한다.

여기서 분명히 해야 할 점은 '성인지 감수성 교육을 하는 것이 학생을 잠재적 가해자 취급을 하는 것이 아니라는 것'이다. 화재 예방 교육을 한다고 해서 모든 학생을 잠재적 방화범 취급하는 것은 아니다. 마찬가지로 학교폭력 예방 교육을 한다고 해서 모든 학생을 잠재적 학교폭력 가해자로 보는 것은 아니다. 단지 그릇된 생각과 행동을 예방하기 위해 사전 교육이 필요한 것 뿐이다. 성인지 감수성 교육은 성별과 지위를 불문하고 모두에게 필요한 교육이다. 성인지 감수성 교육을 받을 기회가 모든 학생 및 교육 주체에게 보장되어야 한다.

더 늦기 전에 체계화된 성인지 감수성 교육에 힘을 쏟아야만 교권을 바로 세우고 건강하고 안전한 공교육 환경을 만들 수 있다. 더 나아가 건강하고 안전한 시민사회를 만드는 일에도 기여할 수 있다. 물론 교육을 한다고 해서 모든 범죄가 예방되고 안전이 보장되지는 않는다. 사전 교육과 더불어 사건이 발생했을 때, 학교와 교육 당국이 철저한 처벌과 적절한 교육을 통해 가해자 행동 교화 및 교정이 가능하도록 적극적인 대처가 함께 이루어져야 한다.

특히 교육 당국과 사법부가 협력해 신속한 처리 절차와 처벌 관행을 수립하는 일이 시급하다. 이는 교육 현장을 모두에게 안전한 곳으로 만드는 일이다. 또한 교권추락의 원인을 논하기 위해서는 교권침해 유형과 침해주체에 대한 조사 통계, 피해 교원의 성별과 연령대, 경력 연차 등에 대한 전수조사를 통한 유의미한 통계가 필요하다.

학생들, 특히 고등학생에게 학교생활은 성인이 되어 사회에 나가기 전, 잘못된 행동을 지적받고 교정할 수 있는 마지막 기회이다. 학교라는 울타리 안에서 자기를 개선할 수 있는 마지막 기회인 것이다. 누군가가 무책임하게 '쿨하게', '아무 일 아닌 척' 넘어간 행위가, 사회에서는 '쇠고랑을 차는' 중범죄가 될 수 있기에 더욱 민감한 문제다.

학교에 있는 동안 제대로 교육받을 기회를 놓치면, 학생들은 사회에 나가 또 다른 피해자를 만드는 범죄 가해자가 될 수 있다. 이는 사회인이 된 학생들의 인생에도 커다란 영향을 끼치는 일이다. '지금'이 아니면 교정할 수 없는 것은 반드시 교정해야 한다. 교사로서 잘못된 행동에 대해서는 처벌로 교정하는 것도 교육의 일환이자 교육자로서의 역할이라고 생각한다. 학생들의 크고 작은 범죄 행동에 대한 온정주의적인 태도를 이제는 버릴 때가 되었다.

7장.

교권과 학생 인권이 대립 관계

라는 오해

제로섬이 아니다

고 서이초 선생님을 추모하는 물결이 거리에서 일렁이고 사회가 술렁이던 때였다. 대통령실과 교육부에서는 별안간 그 누구도 언급하지 않은 '학생인권조례 폐지'를 언급했다. 특히 대통령실에서는 "최근 발생한 초등 교사의 극단적인 선택은 학생인권조례가 빚은 교육 파탄의 단적인 예"라고 발언했다.

뜬금없고 생소한 전개였다. 현장에 있는 교사들에게는 특히나 매우 당황스럽고 경악스러운 말이었다. 우린 모두 원인을 알고 있었다. 고 서이초 선생님이 죽음의 원인은 특정 학부모의 폭언과 갑질이었다. 그리고 보호 체계의 부재였다. 학교로부터 보호받지 못하고 내몰려 고립된 상황과 과도한 업무 부담 등이 원인이었다.

"여기서 그 얘기가 왜 나와?" 싸늘한 반응이 여론의 주를 이루었다. '학생인권조례가 낳은 결과'가 고 서이초 선생님의 죽음'이라는 발언은 어떻게 보아도 궤변이었기 때문이다. 논리적 연결성이 없다. 심지어 최근 경찰에서는 고 서이초 선생님의 죽음에 관한 수사 내용을 공개하지 않기로 결정했다. 그리고 가해 학부모에 대해 '혐의 없음' 결론을 내렸다. 이 모든 흐름이 의아하고 괴이했다.

전국에서 교사들이 자발적으로 모인 추모 집회와 시민 여론을 비롯해 그 어디에서도 학생인권조례가 교권 하락과 고 서이초 선생님 죽음의 원인이라고 하지 않았다. 하지만 교육부 차원에서 '학생인권조례 폐지'가 논의되었고, 언론에 대대적으로 보도되었다. 이주호 교육부 장관은 "학생의 인권이 지나치게 강조되고 우선시되면서, 교사들의 교권은 땅에 떨어지고 교실 현장이 붕괴되고 있다. 교육감들과 협의해 학생인권조례를 재정비하겠다"고 말한 바 있다. 이러한 대응에 학교 현장 그리고 추모와 애도를 하던 시민들도 의문을 표하고 답답함과 분노를 표출했었다.

교권과 학생 인권은 제로섬 관계가 아니다. 학생 인권을 보장하는 것은 현 사태와 교사들의 잇따른 자살의 원인이 아니다. 누군가는 교권과 학생 인권이 마치 제로섬 관계인 양 몰아가며 흔한 '언론플레이' 효과를 기다렸을 것이다. 하지만 모든 사람이 교권 추락의 원인이 학생인권조례 탓이 아니라는 것 정도는 알고 있었다.

학교 현장을 비롯해 여론의 반응도 지속해서 냉담했다. 하지만 일부에서는 2023년 연말까지도 마치 학생인권조례가 '원흉'인 양 물타기를 하며, 이 기회(?)를 틈타 학생인권조례 폐지를 추진하고 있다. 한심하기 짝이 없는 행태라고 평하고 싶다. 충남에서는 2023년 12월 15일, 전국 최초로 학생인권조례 폐지안이 도의회를 통과했다. 제348회 정례회에서 국민의힘 박정식 의원이 대표로 발의한 학생인권조례 폐지안이 재석의원 44명 중 찬성 31명, 반대 13명으로 가결된 것이다.

시민단체를 중심으로 학생인권조례 폐지에 대한 반발 여론이 확산되고 있다. 또한 충남교육청에서도 폐지안 재의 요구 절차에 착수했다. 그러나 여전히 '교권 향상'

에 대한 논의가 이루어지는 과정에서, 의회의 과반을 차지한 특정 정당의 기조에 의해 실제로 학생인권조례 폐지를 위한 움직임이 생기고 있다.

학생 인권과 교사의 인권, 교육권은 절대로 대립 개념이 아니다. 오히려 '함께 상승'해야 하는 개념에 가깝다. 교사의 생존권을 보장하라고 외치는 교사 중 그 누구도 '학생 인권을 보장하지 말라'거나 '학생인권조례를 파기하라'고 주장하는 사람은 없다. 그런 방식으로는 아무것도 해결되지 않기 때문이다.

'교사에게 안전하게 노동할 권리를 달라'고 요구하는 교육인 중 '학생 인권과 안전이 보장되지 않는 상황'을 원하는 이는 없다. 학생들을 교육하는 입장에서 누가 그런 것을 원하겠는가? 학생 인권과 교사의 인권 모두 당연하게 보장받아야 하는 가치다. 학생 인권과 교권은 한쪽이 낮아지면 한쪽이 상승하는 제로섬 관계가 결코 아니다.

학생인권조례와 교권침해의 상관관계

'교권을 회복해야 한다', '교사의 인권과 노동권, 안전하게 교육할 권리를 보장하라'는 절박한 목소리에 학생인권조례 폐지로 답하는 것은 옳지 않다. 구시대적이고 1차원적인 발상이다. 게다가 실제 학교 현장에서 전혀 적용할 수 없는 논리다. 나아가서 현장의 교사들을 기만하고 고인이 된 교사들을 모독하는 것과 다르지 않다. '교권 vs 학생 인권' 대립 구도를 세우는 것이 교육 당국이 할 수 있는 최선이라면 정말이지 희망이 없다.

전국에서 학생인권조례를 시행하고 있던 시도는 경기, 광주, 서울, 전북, 충남, 제주 6개 시도뿐이다. 교육 당국의 논리대로, 학생인권조례 때문에 이 모든 비극과 교권 파탄이 시작되었다면, 이를 시행하지 않는 곳에서는 교권 추락이 있을 수 없다. 하지만 학생인권조례가 시행되지 않은 세종시에서는 도대체 왜 '왕의 DNA' 사건이 일어났을까. 2022년 교원평가 성희롱 사건, 여교사 불법 촬영 사건, 그 외 보도되지 않은 크고 작은 교권침해 사건들은 왜 계속해서 일어난 것인가? 학생인권조례가 교권침해의 원흉이라면 원래부터 학생인권조례안을 시행하지 않은 지역에서의 교권 추락은 어떻게 해결할 수 있을까?

학생인권조례와 교권 추락이 관계가 없다는 증거는 차고 넘친다. 2023년 8월 한겨레 칼럼에서 밝힌 조사 내용에 따르면, 전병주 서울시의회 교육위원회 의원이 2016년부터 2021년도까지 학생인권조례 유무에 따른 전국시도교육청 교권침해 현황을 분석한 결과, 학생인권조례가 있는 시도(경기, 광주, 서울, 전북, 충남, 제주)의 교권침해는 학생 1,000명당 0.36명인 반면, 학생인권조례가 없는 시도(강원 등 11곳)의 교권침해는 학생 1,000 명당 0.43명으로, 학생인권조례가 없는 시도에서 오히려 교권침해가 더 많이 발생하고 있었다.

교육 당국은 학생인권조례 제정과 교권침해 발생 사이에 유의미한 관련성을 증명하지도 않았다. 그저 '학생인권조례 폐지'가 현 사태를 해결할 수 있는 답인 것처럼 몰아가고 있다. 물론 당연히 관련성을 증명할 수가 없었을 것이다. 그들의 주장과는 반대로 학생인권조례를 시행한 시도에서 교권침해가 더 적게 발생했기 때문이다. 그들은 현 사태를 정쟁을 위해 이용하고 있을 뿐이다. 이러한 태도는 죽음으로 내몰린 교사들 그리고 생존권 보장과 교권 확립을 간절히 바라는 교사들 모두에 대한 기만이자 모독임을 기억해야 한다.

학교 현장을 직접 경험해보지 않은 누군가는 정말로 '학생인권과 교권이 대립 관계'라고 믿고 있을지도 모른다. 동시에 인권 의식이나 인권 개념에 대한 이해가 부족한 누군가도 비슷하게 믿고 있을지 모른다. 정말 진심으로 '학생인권조례가 통과되어서 학생들의 인권이 보장되니 마치 제로섬 게임처럼 교사 인권이 반작용으로 바닥에 떨어졌다'고 믿을지도 모른다.

현실은 전혀 그렇지 않다. 학생 인권이 신장된 이후에 학교 현장에서는 교육 환경과 학생들의 삶의 질이 눈에 띄게 개선되었다. 또한 인권을 보장받는 경험을 한 주체들이 인권 의식을 함양할 수 있다. 학생들의 인권이 보장되는 만큼 교권에 대해서도 상호존중이 이루어져야 할 때다.

과거의 야만 상태로 회귀하고 싶은 교육 주체는 아무도 없다. 한쪽의 인권을 후려쳐서 다른 한쪽의 인권을 높일 수 있다고 기대하는 것은 구시대적이고 야만적인 발상이다. 현 사태를 두고 체벌의 부활 운운하는 의견들은 논하고 싶지도 않다. 야만으로의 회귀는 말 그대로 퇴보

하는 것일 뿐 아무것도 근본적으로 해결하지 못한다.

학교는 모두에게 안전한 곳이어야 한다

문제는 일부 학생 또는 학생의 보호자에 의해 교권침해가 발생했을 때, 교사 보호와 교육 활동을 보장할 수 있는 제도가 제대로 갖춰있지 않다는 것이다. 학생 인권은 학생 인권대로 보장받아 마땅하고, 그와 동시에 교사의 인권과 노동권도 보장되어야 한다. 제도를 구축하고 개선하면 교사의 인권도 학생 인권처럼 보호될 수 있다. 학생인권조례 폐지를 논할 시점이 아니라, 교사의 인권 '또한' 제대로 보호할 수 있는 명확한 법령과 제도의 구축이 필요한 시점이다.

이 시점에서 한 가지 분명하게 짚고 넘어가야 할 사항은 특정 정당에서 교권보호를 위한 조례 시행을 10년 이상 동안 막아왔다는 사실이다. 2012년 당시 교육과학기술부 이주호 장관은 '서울시 교권보호와 교육활동 지원에 관한 조례안'에 대해 대법원 소송까지 걸어가며 시행에 제동을 걸었다. 2022년 국민의힘 의원이 다수를 차지한 서울시의회에서는 조희연 서울시 교육감이 발의한 '서울시교육청 교육활동 보호 조례안'이 보류되어 시의회 본회의 상정조차 무산되었다.

다행히 2023년 9월, 교권보호에 대한 논란이 지속되면서 '서울시교육청 교원의 예우 및 교육활동 보호를 위한 조례안'이 서울시 의회의 여야 합의로 제정되었다. 하지만 그 이전에도 여러 차례 교육 활동 지원과 보호에 대한 조례안이 시행될 기회가 있었음을 기억해야 한다.

교권 추락의 원인은 학생인권조례인가? 아니면 학생 인권을 보장하듯 교권 보호를 보장할 수 있는 조례가 시행될 수 있었음에도, 이를 반대하며 제동을 걸어온 이들인가? 교권 추락이 심각한 사회문제로 대두된 지금으로서는, 학생 인권 향상을 교권 추락의 원인으로 몰아 대립 구도로 보이게 하려는 시도가 과거의 과오를 인정하지 않고 학생과 교사 두 교육 주체를 갈라치기 하려는 의도로밖에 보이지 않는다.

학교는 학생과 교사 모두가 건강하고 안전하게 숨 쉴 수 있는 곳이어야 한다. 현 상황이 교권을 보호할 시스템의 미비로 인한 문제임을 직시하지 않고, 교권과 학생 인권을 대립 개념으로 몰아가며 학생 인권을 함께 추락시키려 하는 것은, 학교를 더욱 안전하지 않은 곳으로 만드는 행위이다. 또한 교육 주체들의 안전한 교육에 대한 열망을 왜곡하고 모독하는 일이다.

다행히도 상황을 개선하려는 노력은 이어지고 있다. 교원의 정당한 생활지도와 교육 활동을 보호하기 위한 '교권 보호 4법'이 2023년 9월 15일 국회 교육위원회를 통과했고, 같은 달 21일 국회 본회의를 통과했다는 소식이 들려왔다. 교권 보호 4법은 교원지위법, 초등중교육법, 유아교육법, 교육기본법 등 4개 법률 개정안을 일컫는다. 개정안의 내용은 '교사의 정당한 생활지도는 아동학대로 보지 않는다'는 내용을 핵심으로 하고 있다. '무분별한 아동학대 신고'로 인한 피해가 드러나면서 이로부터 교원들을 보호하기 위한 내용을 담은 개정안들이 마련되었다.

학교는 학생과 교사가 '함께' 교육을 만들어가는 곳이다. 학생 인권과 교사 인권은 '함께' 강화되고 보장되어야 한다. 교육 주체들을 갈라놓으며 이를 저해하는 세력이 사라지고 좋은 정책들이 뒷받침된다면 학생 인권과 교사 인권은 충분히 함께 보장될 수 있다.

사태를 해결할 의지를 가진 이들이 현장의 목소리에

귀 기울여 현실적이고 실제적인 해결책을 시행할 수 있다면 학교는 다시 건강한 교육의 장이 될 수 있다. 이미 망가진 시스템이라도 다시 제대로 작동할 수 있도록, 늦게나마 제도를 개선하고 구축할 수 있도록 시민사회와 교육 당국이 함께 노력을 이어가야 한다.

3부

그럼에도 불구하고 앞으로 나아가야 한다

8장.

내가 교사를 그만둔 이유

현직 교사들과의 가명 인터뷰

교육청 감사실의 2차 가해 이후 나는 사직을 결심했다. 그동안 교직을 떠나지 못한 것은 순전히 학생들 때문이었다. 나는 학생들을 향한 애정과 수업에 열정이 큰 편이었다. 가르치는 일에 대한 자부심과 즐거움, 학생들과 함께하는 기쁨, 함께 성장해가는 환희를 놓을 수 없어서 교직에 남아 있었다. 하지만 상부 기관의 2차 가해까지 겪고 나서는 학교 밖에서 자유롭게 목소리 내는 길을 택했다. 나는 학교 밖을 선택했지만, 우리 동료 중 누군가는 현장에서 변화를 위해 고군분투하고 있을 것이다.

교직을 떠난 후로 많은 사람은 '왜 사직했는지' 물었다. 일일이 다 설명할 수 없어서 말문이 막힐 때가 많았다. "내가 판단하기에 교직은 전망이 좋지 않고 나아질 가망이 없어서 그만뒀다"고 냉소적으로 말한 적도 있었다. 그렇게 말할 때면 절망스럽고 슬픈 감정이 들었다.

거짓 희망을 말하고 싶지는 않다. 그러나 정말로 아무 희망이 없다면, 나는 교직을 떠났지만 남아 있는 학생들과 교사들은 어떻게 한단 말인가? 학교라는 기관은 존속되어야 하는데 정말 아무 희망이 없다면 이 사회, 이 나라는 어떻게 되는 것인가?

나는 진정한 희망을 찾고 싶었다. 그래서 우선 현직 선생님들과의 토론과 인터뷰를 통해 현장의 문제점을 생생하게 드러내보고자 했다. 선생님들과 온라인에 모여 다양한 주제에 대해 토론을 하기도 하고, 직접 대면 인터뷰를 하기도 했다. 객관적인 수치화를 위해 익명의 온라인 투표도 진행했다. 이 과정에서 모든 선생님은 가명을 사용했다.

그 내용의 일부를 여기에서 나누고자 한다. 우선 현직 선생님들과 '학교 현장에서 가장 회의감이 들었던 순간이나 그만두고 싶었던 순간'이라는 주제로 인터뷰를 진행한 내용에서 일부를 발췌했다.

오트밀 저는 사실 2023년 서이초등학교 사건을 보고 많은 회의감이 들었어요. '사람이 죽을 때까지 아무도 책임을 지지 않는다'는 생각이 들었거든요. 작년에는 대전에서 졸업생이 교사에게 흉기 난동도 벌였다고 하죠. 그때 '내가 죽어도 모르겠구나', '내가 죽음을 당할 수도 있겠구나'라는 생각이 들었습니다.

저는 학교 폭력 전담 교사였는데 한번은 조사 중에 학생 아버지가 갑자기 학교로 찾아오셨어요. 수업 중이라서 교무실에서 기다려달라고 했는데도 복도에 서 계시겠다고 했어요. 부랴부랴 다른 선생님과 시간표를 바꿔 상담을 했습니다. 그때 교사가 위험에 처할 수 있는 상황인데도 아무런 대책이 없다는 생각이 들었어요.

김얼레 저는 경력이 11개월 조금 안 되는 초등학교 교사입니다. 임용 6개월 차에 교권 침해 피해를 입어서 현재 공무상 요양 중입니다. 전학생을 받았는데 아동학대로 부모의 접근 금지 명령이 풀린 지 얼마 되지 않은 상태였어요. 그 상황에서 1학기를 시작했어요. 그런데 신원 조회와 접근 금지 명령을 조회하는 과정에서 해당 학부모로부터 폭언을 당했어요. 그때 순간적으로 '교사로 계속 살아갈 수 있을까' 고민이 들었습니다. 또 다른 학부모는 통학 기사가 운전을 조금 거칠게 하시는 게 불만이었는데, 학교에 항의를 하려고 본인 차로 통학 버스를 들이받은 일도 있었어요.

학교에서 이런 일들을 겪으면 실제적인 위협을 많이 느껴요. 직접적인 폭언을 겪은 건 두세 번이었지만, 언제든지 해코지를 당할 수 있다는 생각이 들었어요. 오죽하면 다른 동료 교사가 위험하다고 아침마다 저를 태우러 오셨겠어요.

저는 교사가 되기 전에 서비스업 분야에서 일했어요. 그때는 고객 블랙리스트가 있어서 블랙리스트에 있는 고객이 들어오면 경찰이 몇 미터 떨어져 따라 들어왔어요. 만약 고객과 1분 20초 이상 실랑이가 지속되는 상황이 생기면, 매니저에게 바로 보고가 되고, 근무자는 교대해줬어요. 그래도 상황이 해결되지 않으면 매니저가 직접 해결했고, 그것도 여의치 않으면 청원 경찰이 고객을 데리고 나가면서 '업무 방해'에 대해 설명하는 단계까지 있었어요.

교사가 되니 아무런 안전장치가 없어요. 비상시 누를 수 있는 버튼이나 무전 시스템도 없어요. 비상 알람을 자의로 설치하는 것도 쉽지 않더라고요. 교무실에 수신기가 있어야 하는데 허락받을 수 있을지 의문이었습니다. 교사 1학기에는 '제가 만약 죽으면, 누구의 보호자 때문'이라고 학교 외장하드에 글을 항상 써놓을 정도였어요.

제가 유일하게 할 수 있는 일은 옆 반 선생님에게 3시 20분까지 저의 메시지가 오지 않으면 교실 문을 두드려달라고 부탁하는 것이었어요. '회의 시간'이라고 하면서 저를 데리러 와달라고 했어요. 지금 현장에는 배움터 지킴이 선생님 말고는 아무도 없습니다. 배움터 선생님도 전문 인력이 아니라 출입증을 관리해주는 자원봉사자에 불과해요. 그런 상황이 저에게는 교직이 목숨을 내놓고 하는 직업처럼 느껴졌어요.

가넷 직접적 폭언을 겪은 건 두 세 번이라고 말씀하셨지만, 사실 한 번도 일어나면 안 되는 일이잖아요. 학부모가 학교에 막무가내로 찾아오거나 교사에게 폭언해도 법적 제재나 보호 조치가 이루어지지 않잖아요. 선생님은 학교나 상부 기관이 아니라 결국 동료 선생님의 도움을 받아야 했던 상황이고요. 학교 현장에서 최소한의 안전이 보장되지 않는다는 것은 정말 심각한 문제인 것 같습니다.

학교에 아무나 들어올 수 있게 무방비하게 오픈되어 있잖아요. '안전' 문제는 사실 교사들만의 문제가 아닙니다. 학생들의 안전과도 직결되는 문제입니다. 최소한의 물리적 안전을 보장받을 장치가 없으니, 시급하게 바뀌어야 하는 부분인 것 같습니다.

윤경수 2014년에 저는 남자 중학교에서 중학교 3학년 담임을 하고 있었어요. 학생 중 한 명이 학생부장 선생님과 문제가 있어서 반성문을 쓰게 했습니다. 반성문이 좀 부당하다고 생각했는지, 그 뒤로 학생이 저에게 익명으로 전화와 문자를 한 달 동안 보냈어요.

제가 별 반응을 하지 않았더니 일이 일어났어요. 교탁에 보온컵을 항상 놔뒀는데 거기에 그 학생이 오줌을 싸놓았습니다. 수업 중에 저는 그걸 마셨고요. 그때 바로 신고했어야 했는데, 학생을 지도하려는 마음도 있었고, 당황스럽기도 해서 일주일이나 알리지 않았습니다.

그 학생이 똑같은 행동을 또 하더군요. 그걸 또 저는 마셨고요. 그때서야 저는 보온컵을 들고 교감 선생님에게 찾아가 냄새를 맡게 했습니다. 어떤 학생이 저에게 전화와 문자를 하고 있는데 이 일과 관련이 있는 것 같다고 했어요.

그때가 9년 전이어서 '교권 침해'라는 개념이 없었지만 수사를 해달라고 요청도 했고요. 그리고 의심이 가는 학생이 우리반 학생이니 분리 조치를 시켜달라고 요구했어요. 교감과 교장 선생님은 조치를 취할 테니 기다리라고 했는데, 한 달이 넘도록 아무것도 해주지 않는 겁니다. 증거가 분명치 않다고 하면서요.

그때부터 공론화하기 시작했어요. 교육청, 전교조, 인권단체에 이 일을 알렸어요. 경찰서에도 신고하고요. 언론까지는 알리지 못했어요. 그런데 2014년이나 지금이나 똑같다는 생각이 들어요. 관리자도 교육청도 책임지지 않고 교사 개인의 문제로 몰아가고 있거든요. 작년부터는 이렇게 가만히 있으면 안 되겠다는 생각이 들었어요.

가넷 저는 교권 침해를 겪을 때마다 개인이 발 벗고 나서지 않으면 해결되지 않는다는 점에 가장 크게 회의감이 들었습니다. 게다가 지금의 학교는 수업에 집중하기가 너무 어렵습니다. 수업이 가장 중요할 거라고 생각하고 교사가 되었는데, 현실은 수업이 항상 뒷전이었습니다. 가르치는 일이 아닌 행정 업무나 민원에 치이는 순간에 회의감이 가장 많이 들었어요.

김랄라 '열정은 민원을 부르고, 열정적인 교사는 단명한다'라는 말이 있어요. 학교 일을 열심히 한다고 해서 적절한 보상을 받는 것도 아니고, 업무 분장이 체계적이거나 일관적이지도 않습니다. 학교 일보다 외부 활동을 열심히 해야만 오히려 인정받고 승진할 수 있는 구조입니다. 외부 활동을 하는 사람들의 공백을 메우는 업무가 다른 교사에게 몰리다 보니, 오히려 가장 중요한 수업 준비가 밀리는 상황이 자주 발생해요.

학교에서 교권 침해 사건이라도 터지면, 교사는 '학생의 미래를 생각해서라도 참으라'는 압박을 받아요. 그 와중에 사람들에게 '교사만큼 편한 직업이 어디 있냐'는 말을 또 듣는 겁니다. 저는 '내가 힘들다는 걸 증명하려면, 죽기라도 해야 하나'라는 생각까지 들었어요. 그때 고 서이초 선생님 사건이 터졌습니다.

가넷 맞습니다. 장학사 시험을 치르는 분들의 업무를 다른 교사가 떠맡는 일이 생기거나 교무부장의 업무를 저경력 교사들이 떠맡는 일도 생기지만, 초과 수당도 제대로 받지 못하는 것이 현실입니다. 교사들이 업무와 관련해서 겪는 이런 현실이 정책에 반영이 되었다면, 교사의 자살까지 이어지지는 않았을 것 같아요. 하지만 결국 교사의 자살이 사회적 이슈가 되고 나서야 바뀌려는 조짐이 보여서 회의감이 들긴 했습니다. 그전에 바뀌는 것이 맞잖아요.

업무 편중도 심각한 문제입니다. 고 서이초 선생님도 저학년 담임 업무에 나이스(원격업무 지원시스템) 업무까지 맡고 계셨어요. 나이스가 작년에 개편이 되면서 애로사항이 상당히 많았던 걸로 알고 있어요. 저도 언론을 통해서 알게 되었지만, 고 서이초 선생님도 업무적인 부분에서 스트레스를 많이 받으셨다는 상담 기록이 있었습니다.

보통은 '행정가'가 되려고 교직을 선택하지는 않잖아요. 교직에 있는 동안 학생을 신경 써야 할 시간, 수업에 투자해야 할 시간에도 항상 행정 업무의 압박을 받고 있었어요. 어떤 일에 초점을 두어야 할지 몰라서 항상 딜레마에 빠진 상태였어요. 기한을 맞춰야 하는 업무를 처리하다 보니 정작 수업 준비 시간이 부족할 때가 많았어요.

특히 제가 일했던 학교에서는 행정 업무를 저경력 교사들에게 몰아주는 경향이 있었어요. 업무

분배도 불공평했고, 업무 방식도 중구난방이었습니다. 그래서인지 특이한 민원이나 교권 침해 사건이 없어도 회의감이 들고 항상 지치고 힘들었어요.

김얼레 저는 학교폭력, 생활안전, 학생자치 업무를 맡고 있었어요. 아무것도 알지 못하는데도 갑자기 학교 운영위원회에 들어가라고 요청받을 때도 있었고요. 저희 반에서 일어났던 심각한 사안에 대해 기록을 하고 있으면, 연구부장님은 지나가시면서 '빨리' 학년 교육과정 수정하라고 지시하시고, 교무부장님은 지나가시면서 '빨리' 교무부 업무를 하라고 독촉하는 상황이 정말 힘들었어요.
이 업무를 모두 하다 보니, 쉬는 시간 동안 교과서를 처음 보고 수업에 들어갔던 적도 있어요. 매뉴얼도 없이 업무를 하면서 사방에서 압박감을 느껴요. 어디부터 어디까지 일을 해야 하는지도 몰라서 난감할 때도 많습니다. 이런 업무가 정작 학생들을 돌볼 시간을 모두 빼앗아간다고 느낍니다.

현장의 소리를 들어야 한다

학교 교육은 역동성이 있다. 끊임없는 상호작용과 피드백, 새로운 시도와 변화의 적용이 학교 현장에서 매일 이루어져야 한다. 하지만 현장의 역동성에 비해 교육 환경을 개선하기 위한 현실적이고 발 빠른 정책 개선과 적용이 이루어지지 않고 있다. 또한 이를 위한 신속한 소통 또한 제대로 이루어지지 않는다. 학교의 역동성에 비해 정책적 변화의 속도는 너무 느리고, 그에 반해 입시 정책은 너무 자주 바뀐다.

교육 환경의 혁신적 변화가 절실한 시점이다. 변화하는 시대에 발맞춘 새로운 교육에 대한 고민과 시도가 필요한 시점인 것이다. 하지만 이 중요한 시점에 교사들은 기본적인 안전과 생존권조차 보장받지 못해 거리로 나가 목소리를 내야 하는 상황에 놓여 있다. 교사가 선호 직업군에서 밀려난 지 오래되었지만, 기피 직업으로 자리매김하지는 않도록 교육 당국은 필요한 정책을 신속하게 추진해야 한다.

그 과정에서 현장의 의견을 효율적이고 정확한 방법으로 적극 수렴해야 한다. 정권의 입맛에 맞는 특정 단체들만 선정해서 해당 단체 대표자의 발언만 참작해서는 안 된다. 이는 전체 현장 교사들의 다양한 의견을 듣고, 대다수의 의견을 수렴해 정책에 반영하는 데 전혀 도움이 되지 않는다. 각 시도교육청과 단위 학교의 협조를 통해 전체 교사의 경험과 의견을 적극적으로 수합하고, 통계를 구축하고 의견과 제안에 대한 데이터를 마련해야 한다.

학교에는 학생들이 있어야 하고, 학생들이 존재하는 한 교사 또한 현장에 필요하다. 교육 주체들은 서로 지대한 영향을 주고받으며 공존하는 관계다. 건강하고 안전한 교육과 더 큰 교육 효과는 교육 주체 간의 신뢰를 기반으로 견고한 관계가 전제되어야만 기대할 수 있다. 교육 주체간의 신뢰와 건강한 소통 체계가 자리를 잡을 수 있도록 교육 당국 차원에서의 논의가 필요하다. '교육 주체의 목소리를 듣는다'고 하면서, 학생 또는 교사의 목소리를 배제한다면 건강한 정책, 실효성 있는 대책은 나올 수 없다.

학교는 학생들에게도 안전한 배움의 장이자 교사들에게도 안전한 일터가 되어야 한다. 가시적인 변화는 쉽게 오지도, 하루아침에 뚝딱 이루어지지도 않는다. 특히 바뀌어야 할 문제가 오랫동안 방치되어 곪아 터졌을 때는 더욱 그렇다. 학교 현장이 모두에게 안전한 곳이 되려면 실제적이고 효율적인 정책을 적용해 부작용을 해결해야 한다. 이를 위해서는 끊임없이 목소리를 내고 변화를 시도하려는 현장의 주체들에게 정책 결정자들이 귀를 기울이고 효율적인 소통을 하려고 노력해야 한다.

9장.

지금, 학교 현장에서 시급하게 바뀌어야 할 것들

보호장치 없는 일터, 업무에 쫓기는 학교

내가 학교 현장에 있으면서 가장 시급하게 변화해야 한다고 느낀 것은 악성 민원 또는 폭력에서 교사 개인을 보호하는 체계가 전무하다는 점이었다. 현재는 당장 누군가 앙심을 품고 교실에 마구잡이로 들어와 칼부림을 해도 이상하지 않다. 교사는 매일 모든 형태의 폭력에 무방비하게 노출되어 있다. 그리고 이러한 상황은 당연하다는 듯 이어져왔다.

2023년 8월 4일, 대전 대덕구의 한 고등학교에서 20대 남성이 흉기를 소지한 채 학교에 아무 제재 없이 들어왔다. 학생들이 수업을 받는 일과 시간 중 교무실에서 교사가 칼부림을 당하는 사건이 벌어졌다. 이는 교사들뿐만 아니라 학생들의 안전에도 심각한 위협이 되는 상황이었다.

해당 사건에 대해 대전교사노조와 전교조 대전지부에서는 "이번 사건은 학교 내 외부인 출입에 대한 규제가 미흡해 벌어진 참사"라며 성명을 발표했다. 또한 "학교가 무분별하게 개방되어 있고, 외부인이 침입해 안전을 위협하는 현실에 대한 대책이 필요하다"고 공통적으로 지적했다.

현재 학교 현장에는 최소한의 안전장치, 물리적인 보호장치가 없다. 교사는 언제 발생할지 모르는 악성 민원의 위험을 개개인이 고스란히 감내해야 한다. 이를 방지할 수 있는 사전 개인정보 보호, 1차적인 민원 필터링, 악성 민원과 폭력 발생 시 필요한 즉각적이고 효과적인 보호 조치 등은 전혀 이루어지지 않고 있다. '교사를 보호할 수 있는 시스템'이 없는 것이다.

두 번째로 가장 변화가 시급하다고 느낀 부분은 학교마다 중구난방인 업무 체계다. 업무 분배의 문제는 교사들이 수업보다 행정 업무에 쫓겨 수업과 학생들에게 집중할 수 없는 상황을 만들고 있다. 과중한 행정 업무 부담으로 수업, 학생 지도가 오히려 뒷전으로 밀리는 상황은 나뿐만 아니라 주변의 많은 교사들이 겪는 일이다. 특히 저경력 교사들이 빈번하게 겪는 상황이다.

학교를 옮겨도 마찬가지다. 다른 지역에서 일하는 교사들의 이야기를 들어봐도 다르지 않았다. 고 서이초 선생님도 업무 부담으로 어려움을 겪었다고 밝혀진 바 있다. 저경력 교사들이 담임 업무를 비롯해 기피 행정 업무나 많은 업무를 맡는 상황은 전국 어디서나 빈번하게 벌어지고 있는 것 같다.

상부 기관에서 정확하게 가름해주는 업무 부서의 분장이 없기에 학교마다 업무 부서도 업무 편제 형태도 제각각이다. 그러다 보니 편중된 업무로 한 사람이 2~3인분의 일까지 도맡아 하는 경우도 허다하다. 현장의 교사들은 '수업은 오히려 뒷전'이 되는 상황에 회의감과 피로감을 느낀다.

나 또한 쏟아지는 공문과 끊이지 않는 행정 업무에 항상 '이게 맞는 건가?'라는 회의감에 시달리고 시간에 쫓겼다. 학생 지도와 수업, 평가와 기록을 책임지는 동시에 행정 업무에 대한 압박과 부담감을 끊임없이 느끼기에 스트레스로 몸도 마음도 병들어갔다. 학생들과 수업에 에너지를 쏟고 더 나은 교육을 고민할 수 있는 환경이 지금의 학교 현장에는 전혀 조성되어 있지 않다.

교사들의 현실을 드러내기 위해서는 '지금 당장 학교 현장에서 가장 시급하게 바뀌어야 할 것들'에 대한 객관적인 지표가 필요하다는 생각이 들어 SNS를 통해 깜짝 설문을 진행했다. 앞서 이야기를 나눈 전·현직 동료 교사들의 의견을 참고해 설문 조사 문항을 작성했고, 24시간 동안 설문을 진행했다. 120명의 전·현직 교사들이 참여했고 결과를 득표순으로 정리하면 다음과 같다.

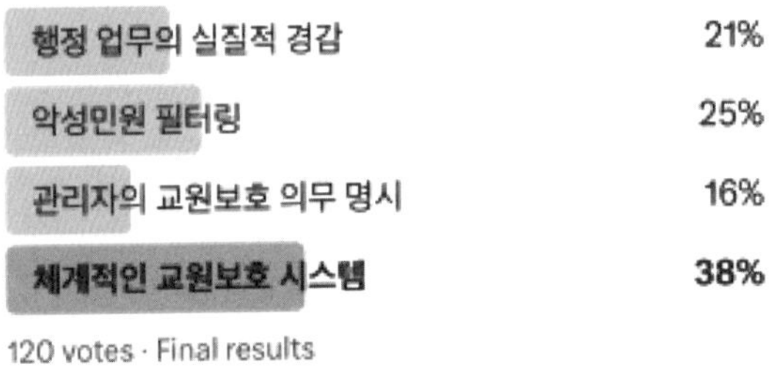

설문에 참여한 교원 중 38%가 '체계적인 교원보호 시

스템'이 가장 시급하게 필요하다고 응답했다. 이는 교사를 보호하는 안전장치가 없고, 악성 민원이 필터링 되지 않은 채로 교사에게 그대로 전달되는 상황에 대한 불안이 학교 현장에 만연하다는 뜻이다.

실제로 악성 민원과 폭력에 노출되면 그때부터 피해 교원은 혼자서 모든 것을 감내해야 한다. 피해를 증명하는 일부터 구제와 보호를 요청하는 일, 법적 자문을 하고 대응하는 모든 과정까지 '알아서' '자신이 선택해' 절차를 밟아야 한다. 자신의 권리 보호나 요청 가능한 조치 등에 대해 제대로 알지 못해 적극적으로 대응하지 못하는 교사들도 많다. 최소한의 교원 보호 시스템이 없는 학교의 현실은 많은 교사를 불안하게 한다. 무방비 상태로 폭력에 노출되어 있다는 불안은 교사가 학생을 교육하는 일에 전념하는 데 전혀 도움이 되지 않는다.

악성 민원을 필터링하기 위해서는 상부 기관(교육청)에서 1차적으로 민원을 걸러낼 필요가 있다. 이는 당연하게 이루어져야 하는 일인데도, 지금껏 학교 현장에서는 억지스러운 요구 또는 괴로힘에 해당하는 모든 악성 민원을 교사 개인이 당연한 듯 받아왔다. 영미권 선진국에서 시행하듯 민원에 대한 면담은 관리자가 1차적으로 진행한 후 꼭 필요한 경우에만 담당 교사에게 인계하는 절차가 반드시 필요하다.

영미권 선진국과는 반대로, 한국에서는 교사 개인이 모든 민원을 스스로 감당하고 처리하다가 큰 문제가 생기는 경우에만 민원인과 관리자의 면담이 이루어진다. 보통 교사 개인이 모든 책임을 떠안고 전혀 필터링 되지 않은 민원에 그대로 노출되는 구조인 것이다. 관리자에게 악성 민원으로부터 교사를 보호할 권리, 의무, 책임이 분명하게 있어야 한다. 이에 대한 필요성은 학교 현장에서 지속해서 제기되고 있다.

그 뒤에 따라온 응답지는 '악성 민원 필터링'(25%)이었다. 교원능력개발평가 자유서술형 항목에 있어서도 교육부는 기존에 '필터링'을 시행하고 있다고 했다. 하지만 교원평가 성희롱 사건에서도 알 수 있듯이 성적인 표현들과 인신 모독 내용이 전혀 필터링이 되지 않은 채 교사들에게 그대로 전달되었다. 교원평가 성희롱 사건도 1차 필터링 없이 교사 개인에게 전달되었고 교사가 고스란히 모든 피해를 떠안아야 했던 경우다.

모든 민원은 1차 검수를 거치지 않은 채 교사에게 '무조건' 전달된다. 그리고 교사는 접수된 모든 민원에 의무적으로 '반드시' 답해야 한다. 국민신문고나 교육청 시스템을 통해 접수되는 악성 민원은 공식 문서 형태로 증거라도 남으니 오히려 다행이다. 학교에 찾아와 교사에게 폭언을 퍼붓거나 아무나 붙잡고 악성 민원을 접수하는 경우도 부지기수이기 때문이다.

'행정 업무의 실질적 경감'은 21%의 득표로 3위를 차지했다. 학교 현장에서 행정 업무의 과중한 압박에 시달리는 교원의 비율이 그 정도로 높은 것이다. 지금까지 '행정 업무 부담을 덜겠다'며 상부 기관에서 시행한 정책 중 대부분이 사실상 업무를 전혀 실질적으로 경감시키지 못했기에 많은 공감을 샀을 것이다.

각 시도교육청에서 시행하는 '공문 없는 날'을 예로 들자면, 그 '공문 없는 날'이 지나고 나면 밀려 있던 공문이 쏟아지기 때문에 '공문 처리의 날', '업무하는 날'이 되고 만다. 이는 실질적으로 업무 부담 경감에 도움이 되지 않아 보여주기식 행정에 지나지 않는다. 행정 업무의 '실질적인' 경감이 필요하다는 것은 이런 의미다.

앞서 언급되었던 '악성 민원의 필터링'은 16% 득표로 4위를 차지한 '관리자의 교원 보호 의무 명시' 필요성과도 연결된다. 모든 면담과 민원의 부담을 교사 개인이 떠안는 지금의 학교 현장을 바꾸기 위해서는 관리자의 소속 교원 보호 의무를 명시하고 강제할 필요가 있다.

현직 교사 C씨는 SNS에서 교사들을 대상으로 진행된 설문에 덧붙여 "지금의 구조에서 당장 실질적인 변화를 줄 수 있는 것은 관리자의 업무와 책임을 변화시키는 것"이라고 의견을 제시했다. 나는 학교 현장에서 관리자에 대한 신뢰 문제가 회복되기를 바란다. 더 나아가 교육 공동체 간의 연대와 신뢰 문화가 단단하게 형성되기를 바란다. 학교 현장 어딘가에는 믿을 만한, 교원들에게 든든한 보호막이 되어주는 훌륭한 관리자들이 있겠지만, 더 이상 관리자 개개인의 인성에만 기댈 수는 없는 노릇이다. 제도적 차원에서 관리자의 교원 보호 의무 명시 및 책임과 권한 부여가 시급하게 이루어져야 한다.

학교에도 여유 인력이 필요하다

지금 학교 현장에서 발생하는 수많은 문제가 해결되기 위해서는 위 설문 문항에 언급된 사항들 이외에도 많은 것이 바뀌어야 한다. '가장 시급하게 변화가 필요한 부분'에 대해 조금 더 깊이 알아보기 위해 현직 교사들과의 가명 인터뷰에서도 이 부분에 대해 논의해보았다. '학교에 여유 인력이 필요하다'는 이야기가 주를 이루었는데, 아래 인터뷰 내용 일부를 발췌해 나누고자 한다.

윤경수 2002년에 나이스가 도입된 이후로 행정 업무 전문가가 아닌 교사에게 그 일을 맡기고 있습니다. 승진제도도 행정 업무를 잘하는 순서대로 되다 보니, 갈수록 행정 업무가 더 중요해지고 있어요. 이 모든 현상이 인력 보충이 되지 않기 때문이라고 봅니다. 부산시 교육청도 한 학교당 교사 수를 오히려 줄이고 있는 실정입니다. 학생 수의 문제도 있지만, 한 명당 업무가 늘어나는 문제가 있습니다. 이런 면에서도 인력 충원 문제가 해결되어야 한다고 생각합니다.

가넷 나이스 시스템 활용에 관련해서 저는 등하교, 수업 출석, 학생 출결 기록도 모두 전산화하면, 담임선생님이 한 명씩 닦달해서 기한을 기다리거나 수기로 결제를 받아야 하는 절차가 필요하지 않아 업무 부담이 경감될 거라고 생각합니다. 출결 증빙 서류의 기한을 정해놓고 나이스 시스템을 통해서 학생이 직접 등록하고 처리하게 하는 겁니다. 이런 식으로 업무를 줄일 수 있을 텐데 현재는 계속 늘어나기만 하는 것 같습니다.

윤경수 전에 싱가포르 학교 시찰을 한 적이 있습니다. 싱가포르는 중앙정부가 굉 장히 강하고 제도를 강력하게 유지하는 편이에요. 학교도 행정 업무를 세부적으로 나누어서 행정실 직원이 20명이 넘더라고요. 행정실장을 행정교감으로 부르고 처우도 굉장히 좋아서 그런지, 공립학교를 살리려는 노력이 많이 보였습니다.

김얼레 저는 학교에 '여유 인력이 없다'는 게 문제라고 생각해요. 저희 반 학생이 자해를 한 적이 있는데, 너무 큰 충격이라 어떻게 수습해야 할지 모르겠더라고요. 그런데 여유 인력이 한 명도 없어서 제가 수업을 해야 하는 상황이었어요. 지금도 교사가 한 명이라도 아프면 다른 교사들이 풀타임으로 투입되어야 하는 상황입니다.

항공기 승무원들도 여차하면 바로 투입될 수 있는 대기 인력이 있는데 학교에는 전혀 없어요. 만약 학생이 교사에게 폭력을 행사한다면 학생과 교사 모두에게 타임아웃이 필요하잖아요. 그런 경우에도 필요한 여유 인력이 학교에는 전혀 없어요.

가넷 정책은 교원을 감축하는 방향으로 반대로 가고 있습니다. 저도 수업과 업무를 대체할 인력이 전혀 없어 병가를 쓰는 게 정말 힘들거든요. 실제로 아플 때도 쉬지 못하는 선생님이 많은 것도 인력 부족의 문제입니다. 동료 선생님들이 제 몫까지 하셔야 하니까요.

'학급당 학생수(과밀학급)' 문제도 정말 크다고 생각해요. 2024년에도 대부분의 시도에서 한 반에 25명 이상을 유지하고 있는데, 그 이상이 되면 정말 교사가 힘이 듭니다. 제도적으로 가장 시급하게 바뀌어야 한다고 생각합니다.

이호우 초등학교에서도 교사들은 실제 단위학급 담임교사 한 명이 담당하는 실질적인 학급당 학생 수를 줄여달라고 지속적으로 목소리를 내왔습니다. 학급편성지침을 과밀학급(학급당 20명 이상) 해소 기준으로 설정하고 현장 의견을 적극 반영한 교원 업무경감 대책 요구를 해왔지만, 교육 당국은 오히려 교원 수를 줄이는 정책을 펼치고 있습니다.

이 외에도 현직 교사들이 말한 '가장 시급하게 변화가 필요한 부분'에 대한 다양한 의견이 나왔다.

블랙독 저는 고등학교에서 일하다가 발생한 교권 침해 사안으로 휴직 중입니다. 수업 방해 학생의 분리 문제, 담임과 소수의 업무 담당자에게 집중되는 과도한 책임, 교사가 아파도 쉴 수 없는 현실, 방관과 책임 전가로 일관하는 일부 관리자, 교육 당국이 주도하는 학교, 교사, 학생 줄 세우기(정량적 평가) 문화 등이 학교 현장에서 가장 시급하게 변화해야 할 것들입니다.

교사 J 저는 초등학교에서 저학년 담임을 맡고 있는 4년

차 교사입니다. 현재 보육과 교육이 점점 분리되지 않고 있고, 이를 교육 당국에서 정책적으로 밀어붙이고 있습니다. 과밀 학급 문제는 해결되지 않았는데 교육과 보육을 분리하지 않으면 앞으로 교사 한 명이 받는 물리적, 심리적 부담은 계속 더 커질 것입니다.

교사 M 학생이 문제 행동을 반복할 시 학생의 보호자가 함께 교육 및 상담을 의무적으로 이수하도록 하는 제도가 필요합니다. 학생의 문제 행동은 가정에서도 적극적으로 함께 교정해야 할 문제인데, 오직 학교에서 상담하거나 관리하기를 바라고 문제를 방치하는 보호자도 다수 있어서, 초기에 쉽게 해결할 수 있는 문제 행동도 교정되지 않고 더 심각한 문제로 번지는 경우가 많습니다.

지금까지도 학교 현장의 많은 교원이 '학교에 여유 인력이 필요하다'는 점을 지적하고 호소해왔다. 그러나 교육 당국은 오히려 '교원을 감축'하는 방향으로 정책을 정하고 밀어붙이고 있다. '학생 수가 줄어드니까 교사도 줄이겠다'는 정책 방향은 몇 년 전부터 거론되어 왔고, 교육 당국은 실제로 교사 정원을 감축해오고 있다.

이는 매우 시대착오적이다. 교육 환경 개선을 위해서는 과밀 학급 문제를 해결해야 한다. 교사 정원 감축이 아니라, 학급 당 학생 수를 줄이고 교사 한 명이 담당하는 학생 수를 줄이는 방향으로 가야 하는 것이다. 이 방안이 공교육의 질을 개선하고 현장의 많은 문제를 해결할 수 있음에도 현장에서 절박하게 요구하는 내용과 교육 당국의 정책은 반대 방향을 향하고 있다.

교사가 하는 행정 업무의 현실

교직에 있으면서 울며 겨자 먹기로 야근을 한 날은 수없이 많다. 어느 날은 '국회 요구 자료' 공문을 접수했다. 발송일로부터 교육청과 학교 관리자들의 결재를 지나 교사들에게 공문이 넘어오기까지 처리 기간이 며칠이 지나 있었다. 학생들에게 전수조사를 해야 하는 사교육 관련 사안이었고 자료 제출 기한은 24시간 남짓 남아 있었다.

하루 내내 수업을 하고 공강에 학생들 출결 자료 정리와 잡다한 업무를 다 해치웠다. 해당 공문을 접수했을 때는 이미 학생들이 하교한 뒤였다. 다음 날도 정해진 수업 시간과 업무 스케줄이 있었기 때문에 하루 전에 도착한 '국회 요구 자료'를 만들 시간이 전혀 없었다. 다음 날 수업을 하고 교무실로 돌아왔더니 내선전화가 울렸다. 전화를 받으니 교육청 장학사가 "왜 요구 자료 수합 통계 파일을 제출하지 않느냐"고 물었다.

나는 공문이 넘어온 날짜, 시각을 이야기하고 국회에서 요구한 통계 자료를 하루 만에 뚝딱 만들 수 없었던 이유를 설명했다. 장학사는 "그래도 기한은 지키셔야 한다"고 말했다. 학교 내에서 주어진 모든 업무를 시간 안에 수행하기만도 벅찬데, 그런 말을 들으니 어처구니가 없었다.

교사들은 '수업'을 한다. 하루 근무 시간 중에 '수업'을 하는 시간이 가장 많고, 나머지 시간은 기존에 처리해야 할 업무에 더해 학생 지도, 상담 등으로 빡빡하게 스케줄이 짜여있는 경우가 많다. 애초에 국회에서 긴급 자료를 학교에 요청하면서 기한을 짧게 잡는다는 것 자체가 학교 현장을 전혀 모르고 있다는 이야기였다.

국회에서 요구한 자료는 상부 기관에서 접수하고 학교로 넘어와 관리자, 교무행정사, 부서 부장을 거쳐 나에게 오는 데까지 며칠이 걸렸었다. 이건 총체적으로 잘못된 것이다. 화가 난 나는 "오전 수업을 세 시간 연달아 하고 점심 급식 지도. 학생 상담, 오후 수업을 두 시간, 그리고 나서는 학교에서 시급하게 처리해야 할 업무에 매달려야 한다"고 항의했다.

돌아온 말은 "어쨌든 선생님이 기한을 안 지키신 것이니 빨리 회신을 달라"는 말이었다. 해당 장학사는 교사 출신이 아니었다. 현장을 겪어본 적이 없는 사람이었다. 나는 어렵게 짬을 내어 부랴부랴 학생들에게 조사를 진행해 동료 선생님들과 함께 야근을 했고, 결국 정작 중요한 수업 준비와 학생들이 제출한 보고서 피드백 작업 등은 뒤로 밀렸다.

국회 요구 자료뿐만이 아니다. 학교에서 교사들은 '교사가 그런 일을 한다고?' 싶은 온갖 잡무를 매일 수행한다. 나는 한 주 내내 공강에 서류 박스를 옮기고 문서고를 정리하다가 종이 치면 수업 자료를 챙겨 헐레벌떡 교실로 뛰어갔다. 그러다 수업 시간에 쓰러질 뻔한 적도 있었다. 성적 처리 업무를 맡았던 해에는 매번 서류를 모아 묶고 분류하여 이관하고 보고하는 작업을 하느라 수업 자료는 어디에 두었는지 기억조차 못 할 지경이었다. 사실 이 정도는 아무것도 아니다. 사업 예산 처리를 하느라 온갖 기관, 업체들에 연락을 돌리며 절절매던 날들을 생각하면 말이다.

많은 것이 한꺼번에 변할 수 없고 문제들이 한 번에 해결될 수는 없다. 가장 시급한 문제부터 발 빠르게 개선해나갈 수 있다면 희망이 있을 것이다. 더 많은 이가 건강한 상태로 교육에 임할 수 있다는 희망, 교육에 전념할 수 있는 환경, 최소한의 안전이 보장되는 환경이 갖춰질 수 있다는 희망 말이다. 그러기 위해서는 정책을 결정하는 이들이 반드시 현장의 생생한 목소리에 귀 기울여야 한다. 현장을 경험하지 않은 이들의 탁상공론만으로는 해결될 수 없는 문제들이 학교 현장 곳곳에 산재되어 있다.

교육청의 실무자와 교육부의 정책 결정자의 일정 비율이 반드시 학교 현장을 경험해 본 이들로 구성되어야 한다고 생각한다. 이상적이거나 비현실적인 정책들을 그때그때 급조해 하달해봤자 문제는 해결되지 않는다.

오히려 현장 교사들의 업무 부담이 더 늘어나는 상황을 초래하거나 현장에 혼란을 가중하는 경우가 부지기수다.

학교 현장에서 가장 시급하게 바뀌어야 할 문제들을 부디 교육 당국이 들여다보며 해결책을 함께 강구하기를 바란다. 아이들이 자라나는 삶의 터전이자 교원들의 일터인 학교는 더 이상 안전하지 않으며, 교사들의 사기는 전례 없이 바닥을 치고 있다. 교사들이 건강한 에너지를 학생들에게 전할 수 있도록, '교육'에 전념할 수 있도록 교육 당국의 실질적인 제도 개선과 정책 마련이 시급하다.

10장.

막힌 벽이 아니라 열린 문이 될 때까지

'교사'라는 직업의 전망

'교사'는 한때 많은 이들이 선망하고 실제로 가지고 싶어 하는 직업이었다. 교직은 한때 연금과 안정성을 보장받으며 전문성을 인정받고 사회적으로 존중받는 직업으로 꼽혔다. 그러나 현재 시점에서 교사라는 직업의 전망을 살피자면, 이제는 도저히 누군가에게 적극 추천하거나 '좋은 직업'이라고 딱 잘라 권할 수 없는(그래서는 안 되는) 직군이 되었다.

교권 침해를 주제로 동료 교사들과 인터뷰를 하면서 '교사라는 직업의 전망'에 대해서도 함께 이야기를 나누었다. 다양한 의견이 있었으나 공통적인 시각은 현재로서는 희망적이지는 않다는 것이었다. 인터뷰했던 교사들이 가장 걱정하는 지점은 교사라는 직업의 경쟁력 감소가 교육의 질 저하로 이어질 수 있다는 우려였다.

나도 교직에 있을 때 고등학교에서 입시 지도와 상담을 했었다. 성적 좋은 상위권 학생들이 교대나 사범대 진학을 희망하는 경우가 더러 있었다. 그런데 아끼는 총명한 제자가 교대나 사범대를 가고 싶다고 하면, 말리고 싶은 마음이 들었다. 녹록치 않은 현실을 물려주고 싶지 않고, 더 나은 선택을 하기를 바라는 마음 때문이었을 것이다. 앞으로 '교사라는 직업의 전망이 어떠할까'에 대해 현직 선생님들과 인터뷰한 내용 일부를 발췌해 나누고자 한다.

오트밀 현재로서는 앞으로 교육의 질이 현저히 떨어질 것 같다는 생각이 듭니다. 인구 감소로 학생 수가 점점 줄어든다는 문제가 있지만, 또 다른 문제도 있습니다. 교사로서 일을 하다 보면 보수적으로 변할 수밖에 없습니다. '책임 소재' 때문입니다. '이 일에 문제가 생기면 책임은 누가 져야 하지?'

라는 걱정을 먼저 하게 되거든요. 결국엔 안전한 것이 최고가 됩니다.

문제는 이것이 악순환의 고리가 될 수 있다는 겁니다. 교사가 안전해지면, 다시 말해 보수적으로 바뀌면 학생들은 적게 배울 수밖에 없습니다. 어떤 교육 활동을 하면 사람들이 연결됩니다. 그럴수록 상황과 맥락에 대한 이해도가 높아집니다. 하지만 만약 맥락이 해체되면 교육의 질도 떨어집니다. 학부모와 교사 사이의 신뢰성도 떨어지고요. 민원도 더 많이 발생합니다. 나아가 단순히 교육의 질적 저하로 끝나지 않고, 교사와 학생 관계의 질적 저하, 교사의 교육 서비스 질 저하 그리고 교사의 근무 조건 저하까지 여러 요인에 영향을 미친다고 생각합니다.

김얼레 저는 두 가지에 대해서 말씀드리고 싶습니다. 하나는 예비교사 시기에도 이미 교사들은 행복하지 않다는 점이에요. 작년 2월에 임용이 되어서 8~9월이면 발령을 받을 예정이었어요. 그때 동기 모임이 있었는데, 동기 한 명이 옆 반 선생님이 명

예퇴직을 하셨는데, 그 자리에 아는 사람이 오지 않았으면 한다며 우는 거예요. 이미 발령이 난 친구들도 근무하는 학교에 아는 사람이 오지 않으면 좋겠다고 했어요. 그 모습을 보니 교사에 대한 전망을 논하기 이전에 이미 악순환이 시작된 것 같다는 생각을 했어요.

고 서이초 선생님 사건이 보도되었을 때, 학교 현장의 악성 민원에 대해 많이 언급이 되었어요. 하지만 저의 동기들은 그 학교에 결원이 생겼다는 것에 더 두려움을 느꼈다고 했어요. 우리 또래 중에 아는 사람이 갈 수도 있겠다며 걱정을 먼저 했어요. 그런 걸 보면 이미 현실적으로 무너지고 있다고 봐요.

다른 하나는 이미 붕괴된 교실을 겪은 학생들이 사회에 진출할 때가 다가왔다는 점이에요. 5년 전에 중·고등학교를 다녔던 학생들이 교사를 하고 싶어 했는지 생각해보면 그렇지 않았거든요. 학생들도 선생님이 골치 아픈 학생에게 수모를 겪거나 힘듦을 견디는 걸 분명히 봐왔기 때문이에요. 학생들 사이에서도 그 골치 아픈 학생의 심기를 거스르지 않기 위해서 침묵하는 경험은 한 번쯤 해봤을 테니까요. 과연 그런 학생들이 교사가 되고 싶을까요? 아무도 하고 싶지 않은 직업은 결코 좋은 직업이라고 할 수 없어요. 이런 현상은 앞으로도 더 심각해질 것이고, 교사도 좋은 동료 교사를 만나는 것이 힘들어지지 않을까 생각합니다.

김랄라 저는 교사자격시험의 지표에서 직업으로서의 전망이 보인다고 생각해요. 제가 임용 준비를 할 때만 해도 평균 경쟁률이 20:1이 넘었어요. 이제는 같은 과목인데도 10:1로 내려갔어요. 그만큼 교사가 되고 싶은 사람이 적어진 거고, 제가 고등학교 3학년 담임을 3년 연속했었는데, 2019년까지만 하더라도 교대 진학을 하는 학생의 성적이 1등급대 후반이나 2등급대 초반이었어요. 이제는 3등급대 학생들도 교대에 합격하는 사례가 많아졌어요. 경쟁률이 낮아진 겁니다. 상위권 학생들의 진학이 줄어든다는 것은 교사라는 직업을 매력적이라고 느끼는 학생들도 점점 줄어들고 있다는 사실을 단적으로 반영한다고 생각해요. 시간이 지날수록 더 드러날 겁니다.

가넷 교사 직업에 대한 선호도 자체도 떨어지고, 특히 교대나 사범대 지원 비율에서 상위권 학생의 이탈이 많이 일어나고 있어요. 전망이 좋다고 할 수 없죠. 이와 더불어 최근 초등학교에서 학생들을 일과 시간 이후까지 돌보는 '늘봄학교' 도입도 논란이 되고 있습니다. 근본적으로 '교육'과 '돌봄'이 분리가 안 되는 문제도 있지만, 현장에서 벌어지는 현실적인 문제도 심각한 것 같습니다. 주먹구구식으로 정책을 도입하니 혼란과 문제점들이 많을 것 같아 우려가 큽니다.

오트밀 저도 초등 늘봄학교가 우려스럽습니다. 학교는 돌봄 업무에 적합한 곳이 아니거든요. 보호자나 학교 둘 중 하나가 맡아야 한다는 식의 접근이 문제입니다. 1학년부터 6학년까지 돌본다는 것은 상당한 변화인데도 현실적으로 어떤 돌봄 지원이 가능한지는 묻고 있지 않습니다. 8시까지 시간을 늘리고 학교나 지자체에서 맡으면 된다는 생각인 겁니다. 어린이를 돌보는 일을 시간, 장소, 담당 기관만 따져서 묻고 있습니다. '돌봄이 수용'이라 보는 것입니다.

실제로 아이들은 학교에 오래 있는 것을 원하지 않습니다. 하지만 늘봄학교는 이를 고려하지 않고 교사의 업무 부담만 늘리는 급조된 정책으로밖에 보이지 않습니다. 아동 돌봄은 '일과 가족이 어떻게 공존할 수 있을지'에 대해 고민하고 접근해야 할 주제라고 봅니다. 누군가의 희생에 기반하는 방식은 지속 가능하지 않다고 봅니다.

세계 최대 저출산 국가인 한국에서 현재 정책을 결정하는 이들이 잘못된 선택들을 하고 있는 듯하다. 더 많은 시민이 아이를 낳고 기를 수 있는 사회를 어떻게 만들 수 있을지, 이 사회에 어떤 혁신과 변화가 필요할지, 심각한 저출산 사회가 된 근본적 원인은 어떻게 해결해야 할지에 대해 진정으로 고민하고 있는지 의문이다.

국가의 근간을 이루는 '교육' 정책에 있어서도 마찬가지다. 어떻게 하면 공교육의 질을 더 높일지, 학교 현장에서 벌어지는 문제를 어떻게 해결할지를 고민하고 혁신을 도모해야 할 때, '학생 수가 줄어드니 교원 수를 감축한다', '학교에서 아이들을 돌보게 해서 부모의 긴 노동 시간에 따른 육아 공백을 해결하자'는 식의 정책을 펼치고 있다.

정부의 '가족 대책'이라는 것은 부모가 자녀와 함께 시간을 보내며 양육할 수 있는 환경을 만들어서 가정과 일이 양립 가능한 방향으로 가야 한다. 하지만 지금은 돌봄을 학교에 외주처럼 맡겨서 '노동 인력을 최대치로 착취하는 방향'으로 가는 것 같다. 이는 근본적인 대책 없이 '노동 시간이 늘어난 것이 현실이니 학교에서 돌봄을 수행하라'고 손쉽게 떠넘기는 것이다.

늘봄학교 정책은 어린 학생 그리고 교사의 입장을 전혀 고려하지 않은 정책이다. 이런 식의 대책은 결코 지속가능하지도 건강하지도 않다.

늘봄학교 정책처럼 교육기관에 보육 책임까지 주먹구구식으로 전가하는 식의 정책이 계속해서 도입된다면, 교사라는 직업의 선호도와 앞으로의 전망은 더욱 어두울 것이다. 교사라는 직업의 전망은 어쩌면 학생, 교사, 교육 주체가 되는 모든 시민 구성원이 전반적으로 건강하고 행복할 수 있을 때 좋아질 것이다. 이 사회는 과연 행복한 시민들, 행복한 아이들을 길러내고 있는 것일까. 현 상황에 정말 필요하고 지속 가능한 정책들이 학교에서 시행되고 있는지 돌아봐야 할 때이다.

우린, 지금 무엇을 할 수 있을까

지금 학교는 무너지는 난파선이 되어가고 있다. 더 나은 방향으로 나아가기 위해, 교육주체와 사회 구성원은 각자의 자리에서 무엇을 할 수 있을지 고민해야 한다. 교원평가 성희롱 사건 공론화를 시작으로 학교 바깥에서 꾸준히 목소리를 내며 절절히 느낀 것이 있다. 학교 시스템 내부에서 교사 개인이 적극적으로 목소리를 내서 구조의 변화를 만들어 내는 것은 매우 어려운 일이라는 것이다.

개인이 학교 바깥으로 목소리를 내는 것은 더 큰 리스크와 2차 가해를 감수해야 한다. 나는 그럼에도 나름대로 할 수 있는 일들을 해왔다. 그리고 연대의 힘을 느끼며 희망을 보기도 했다. 교원평가 성희롱 사건을 공론화하며 가장 크게 깨달은 것은, 교육에 애정을 가지고 교권의 회복과 건강한 공교육 환경 조성을 진심으로 바라는 시민들이 많다는 것이다.

무너져가는 학교를 다시 건강한 교육의 장으로, 안전한 일터로 만들기 위해서는 많은 시민들의 관심과 연대, 그리고 학교 내부로부터의 자정과 노력, 시스템과 제도의 정비를 통한 위로부터의 뒷받침이 동시에 필요하다.

이와 관련해 현직 교사들과 '지금의 상황을 타개하려면 교사, 학부모, 학교는 무엇을 해야 하는가'에 대해 이야기한 인터뷰 내용을 발췌해 공유한다.

가넷 저는 더 많은 교사가 더 적극적으로 목소리를 낼 수 있으면 좋겠다고 생각합니다. 특히 정책은 현장에 있는 현직 교사 중심이 되어야지, 관리자 중심이 되어서는 절대 안 된다는 입장입니다. 현재로서는 그런 기구나 제도가 없잖아요. 그리고 현실적으로 도움이 되는 정책과 제도를 만들려면, 교사가 반드시 그 과정에 참여할 권리가 있어야 한다고 생각합니다.

2023년 9월에 '학생 생활지도에 관한 고시'가 나

왔습니다. 금지 행동의 제지나 수업 방해 학생의 분리, 소지품 분리 보관 훈계에 대한 내용이었습니다. 아동학대 문제가 심각하게 대두되면서 급하게 마련된 것 같아요. 현장의 목소리를 조금만 들었다면, 교사들의 지도를 따르지 않을 시 '배제할 수 있는 수단이 필요하다'는 건의가 이루어졌을 겁니다. 하지만 이렇게 고시만 마련하고 마치 문제가 해결된 것처럼 말하는 경향이 있어 안타깝습니다.

오트밀 조금 더 넓은 의미에서, 교육 정책에 관련한 의사결정 과정에 영향을 줄 수 있도록 교사들도 힘이 있어야 한다고 생각합니다. 어떤 사안을 결정해야 할 때, 개개인 교사 모두의 입장을 고려할 수는 없지만, 적어도 교사 위원회 또는 심의기구를 통해서 현장에 있는 교사들의 목소리가 충분히 반영될 수 있는 절차가 필요합니다. 그동안 만든 정책들이 탁상공론인 경우가 많았고, 안전문제처럼 경험해보지 않은 사람들이 생각할 수 없는 부분이 많기 때문입니다. 그래서 그런 부분에 대해서 교사들의 입장을 반영할 수 있는 정책이 필요해 보입니다.

윤경수 지금은 교사 개인이 각자 내부고발 방식으로 활동하고 있습니다. 하지만 저는 교사들이 이런 활동을 조직적으로 하면 좋겠습니다. 교사 노조나 조직의 힘이 커져서 목소리를 낼 수 있는 환경이 조성되길 바랍니다. 조직도 커져야 하고, 제도도 바뀌야 하고, 인식도 바뀌야 하니 해결할 문제가 많습니다.

가넷 사실 고 서이초 선생님의 추모 집회를 주최하였던 교사 개인도 시민단체로부터 경찰 고발을 당하신 상태입니다. 교사가 변화를 위해서 행동하려고 해도, 정치적인 집단행동이라고 제한당하거나 고발당하는 게 현실이라, 내부에서 변화를 일으키기는 어려울 것 같습니다.

윤경수 이와 더불어 교사와 학부모가 서로를 존중하게 만드는 시스템과 문화가 필요합니다. 이전에 6개월 동안 미국에서 연수를 받은 적이 있었습니다. 미국 학교 교무실에는 선생님의 개인 전화 정보조차 없고, 이메일로만 소통한다는 게 굉장히 충격적이었습니다. 우리나라에서는 담임선생님의 개인 휴대전화 번호는 물론이고, 학교 직통 전화번호까지 공유해야 한다는 인식이 있습니다. 하지만 이제 개인정보 공유는 차단이 되어야 한다고 생각합니다. 그리고 비지팅센터Visiting Center처럼, 학부모가 면담을 위해 교사를 기다리는 대기실 같은 공간도 있어야 한다고 봅니다. 우리에게 꼭 필요한 제도라고 생각합니다.

가넷 사실 이 부분은 개인의 인성이나 배려로 해결될 부분이 아닙니다. 24시간 대기조처럼 새벽이고 주말이고 상관없이 담임이 응답해야 한다고 생각하는 학부모들이 있으니까요. 선생님의 개인정보를 제도적으로 보호하는 시스템을 마련하고, 개인적인 연락을 하지 않게끔 차단할 필요가 있습니다. 이와 더불어 교사와 학부모가 서로를 더는 적대적인 관계로 인식하지 않아야 합니다.

김얼레 교사와 학부모와의 관계에 대해서, 어떤 현직 교사가 '동업자 관계'라고 생각하라는 이야기를 한 적이 있어요. 학부모와 학생의 성장이라는 공동 목표를 위해 '동업'하는 것처럼 움직여야 학생이 발전한다는 이야기였습니다. 어렵기는 하지만 그런 관계가 이상적이지 않을까 합니다.

공교육 현실의 변화를 위해 교사 개개인이 모든 리스크를 지고 혼자서 개별의 목소리를 내는 것에는 분명한 한계가 있다. 교사 개개인이 자발적으로 모여 수많은 인파가 모인 '점들의 집회'가 완성된 역사가 있지만, 개개인이 모였기에 분명히 한계점 또한 존재했다. 추모 집회를 주최한 교사 개인이 시민단체에 의해 고발을 당하는 고초를 겪는 등 씁쓸한 결과도 있었다.

교육 주체가 서로를 존중하고 신뢰할 수 있는 시스템과 문화 조성이 절실하다. 교사와 학부모는 학생이라는 가장 중요한 교육 주체를 함께 성장시키는 '동업 관계'가 되어야 한다는 말이 와 닿았다. 서로에게 신뢰와 존중을 가질 때 큰 시너지 효과를 낼 수 있는 관계이기에, '갑질'과 '민원', '폭력'의 두려움이 이 관계 사이에 끼어든 것은 너무도 큰 손실이다.

현재로서는 앞으로 상황이 더 나아질지 알 수 없다. 하지만 희망이 생길 가능성이 아주 없는 것도 아니다. 교육 주체인 학생, 학부모, 교사가 서로 신뢰하고 존중하며, 교육하고 교육받을 수 있는 환경을 조성하기 위해 교육 당국은 이제라도 모든 힘을 기울여야 한다. 관련 법령 제정과 예산 편성, 사회 전반의 의식을 변화하기 위한 캠페인, 세밀한 시스템 구축 등 적극적이고 현실적인 노력이 필요하다.

시도는 선례가 되고 발걸음이 된다

교원평가 성희롱 사건을 공론화하기로 결심했을 때, 주변에서는 학교 안에서도 밖에서도 '되지 않을 일'이라며 염려했다. '오랫동안 그래왔던 일'이기에 쉽게 개선되거나 변화가 생기지 않을 거라고 믿는 이들이 많았다. 사람들은 내가 괜한 시도를 하다가 다칠까 봐 걱정했다.

사실 나는 더 이상 물러설 곳이 없다고 생각했다. 안 되더라도 시도는 해야 한다고, 그래야 내가 살 수 있다고 생각했다. 그런 시도 하나하나가 선례가 되어 쌓이면 역사가 되고, 작은 발걸음이 모여 어떤 식으로든 변화가 생길 것이라고, 사람들에게도 말하고 스스로도 계속 되뇌었다.

2023년 교원평가는 보류되었고 교육 당국에서는 교원평가 서술형 문항 폐지를 논하고 있다. 학생에게 온정주의적이던 처벌 관례를 깨고 교권보호위원회를 통해 가해 학생에 대한 퇴학 처분 결정이 났고, 이 사실이 대대적으로 주요 언론사에도 보도되었다. 세상이 교사들이 겪는 현실을 적나라하게 알게 되었고, 이전과 다른 결과들도 생겼다.

교원평가 성희롱 사건이 2022년 연말에 공론화된 후로, 그동안 공론화되지 못했던 심각한 성희롱이나 인신모독에 해당하는 교원평가 서술형 내용들도 언론에 보도되었다. 교원능력개발평가 서술형 항목이 교사들에게 '악플 댓글창'이 되었고, 아무런 대책도 없이 방치되었던 현실도 사람들이 알게 되었다. 이에 많은 이들이 분노했으며 그에 따라 변화도 생겼다.

2023년 2월에는 MBC 〈PD수첩〉 제작진이 '교권 침해'를 주제로 방송 편성을 준비하면서, 교원평가 성희롱 피해 공론화를 위한 SNS 계정으로 연락을 해왔다. 나와 동료 교사들은 PD수첩 제작진과 함께 세종시의 한 스튜디오에 모여 긴 인터뷰를 진행했다. 나는 큰 용기를 내어 교직에 있으면서 학생들로부터 겪은 성폭력에 대해 이야기했다. 하지만 안타깝게도 방송이 되지는 않았다.

그 당시 MBC 〈PD수첩〉 팀에서 '교권 침해'를 주제로 제보를 받던 중 '아동학대 신고 피해' 문제가 심각한 이슈로 떠올랐던 것이다. 아동학대 신고로 인해 자살한 신규 교사도 있다는 사실도 취재 결과 밝혀지면서 방송 주제에 변화가 생겼다. '교권 침해'라는 큰 틀에서 '아동학대 신고 피해 교사' 사례로 주제가 축소되어 방송이 편성된 것이다.

방송이 나오기 얼마 전, "선생님들의 인터뷰가 통편집된다"는 통보를 제작진에게서 받았다. 그때는 아쉽고 의아했지만, 2023년 3월 7일 방영된 PD수첩 '나는 어떻게 아동학대 교사가 되었나' 편을 시청한 다음 제작진의 결정이 이해되었다. 일단 아동학대 신고 문제가 최근 떠오른 심각한 이슈였다. 게다가 교권 침해 사례가 너무 차고 넘쳐서, 한 편의 방송에 교권침해 사례들을 유형별로 다루기에는 너무 방대했을 것이다. 그런 현실이 비참하고 슬프긴 했었다.

학생으로부터 성희롱 등 성폭력 피해를 입은 교사들이 전국에서 모여 〈PD수첩〉 팀과 함께 서울에서 집단 인터뷰도 진행했다고 알고 있다. 하지만 세종시에서 진행한 우리의 인터뷰를 포함해 그분들의 인터뷰도 모두 방송에 나오지 못했다. 방송사 입장에서는 모든 교권 침해 사례를 다루기 위해서는 몇 주의 방송 분량을 할애해야 할 지경이었을 것이다.

교권 침해 피해에 대해 용기를 내어 인터뷰에 참여한 수많은 선생님의 이야기가 모두 방송에 알려지지는 않았지만, 진전은 있었다. 그동안 목소리를 낸 이들 덕분에 지속해서 사례들이 쌓였고, 여론의 반향이 있었기에 방송사에서 교권 침해를 주제로 방송을 기획한 것이다. 개개인의 작은 용기와 노력으로 더 많은 이야기가 세상에 알려질 수 있었다는 사실을, 그동안 목소리를 낸 수많은 이가 꼭 기억했으면 좋겠다.

교사에게 쉽게 손가락질하고 책임을 돌리는 사회 안에서 경직된 교직 사회의 분위기를 무릅쓰고 피해 사실을 알리거나 문제를 공론화하는 일은 결코 쉽지 않다. 앞으로 생길 변화에 모두의 용기가 조금씩 기여한 것이나 마찬가지라고 생각한다.

2022년 12월 13일, 나는 교원평가 성희롱 사건에 대한 안일하고 미흡한 대처에 대해 교육부를 피진정인으로 하여 국가인권위원회에 진정서를 접수했다. 반년이 지나도록 국가인권위원회로부터 답변이 오지 않았다. 그동안 나는 많이 지치고 절망했지만, 9개월이 지난 2023년 9월 15일, 내가 사직을 하고 새로운 삶을 준비하던 그 시기에, 국가인권위원회로부터 결정통지서가 도착했다. 내용은 다음과 같았다.

피진정인 교육부장관

주 문

피진정인에게,

1. 교원평가 서술형 문항을 전면 재검토하여 교원능력개발평가의 목적에 맞는 평가 방식을 마련할 것을 권고합니다.

2. 교원에 대한 인권 침해가 재발하지 않도록, 교원능력개발평가의 취지, 목적 및 실행 방법 등에 관하여 학생 및 교육관계자에 대한 인권교육 실시 등 대책을 마련하고 이행할 것을 권고합니다.

이 결과를 통지받기까지 오래 걸렸지만, 교육부에 소속 교원의 인권을 보장하고 보호할 의무가 있다는 국가인권위원회의 판단 기준과 주문이 공식 기록으로 남았다. 국가인권위원회의 판단 기준 및 판단 내용은 아래와 같다.

5. 판단

가. 판단기준

「대한민국헌법」 제10조는 '모든 국민은 인간으로서의 존엄과 가치를 가지며, 행복을 추구할 권리를 가지고 국가는 개인이 가지는 불가침의 기본적 인권을 확인하고 이를 보장할 의무를 진다'라고 규정하고 있다. 국가는 인간의 본질이며 사생활의 비밀과 자유 등의 향유를 내용으로 하는 '일반적 인격권'이 도출된다 (헌법재판소 1990. 9. 10. 결정 89헌마82 참조).

「교육기본법」 제12조 제3항에 의하면 학생은 학습자로서의 윤리의식을 확립하고, 학교의 규칙을 준수하여야 하며, 교원의 교육 · 연구활동을 방해하거나 학내의 질서를 문란하게 하여서는 아니 된다. 같은 법 제14조 제1항은 학교교육에서 교원(敎員)의 전문성은 존중되며, 교원의 경제적 · 사회적 지위는 우대되고 그 신분은 보장된다고 규정하고 있다.

게다가, 현행 교원평가 서술형 문항이 온존되는 경우에는, 교원평가 제도의 정당한 목적에도 불구하고, 금칙어 외 모든 답변 내용이 취합되어 교원에게 그대로 전달되므로, 답변 권한의 오남용, 제도의 부작용, 교원의 전문성과 공교육 신뢰 제고에 기여한다고 보기 어려운 문제점 등이 여전히 존재한다.

따라서 교원평가의 시행 주체로서 국가기관의 장인 피진정인이 교원의 인권을 보장하고 보호할 의무가 있는 점, 교원평가 과정에서 생산된 정보를 관리하고 통제하는 역할을 적극적으로 수행함으로써 교원평가 제도를 합목적적으로 운영할 책임이 피진정인에게 있는 점, 교원의 인권에 대한 침해가 발생하는 경우 피진정인이 이를 적극 개입, 조치함으로써 해당 교원뿐만 아니라 학생들의 학습권도 보호되는 결과를 기대할 수 있는 점 등을 종합하면, 교원평가로 인하여 교원의 인권이 침해되는 일이 재발하지 않도록, 피진정인에게 관련 조치를 할 것을 권고할 필요가 있다고 판단된다.

6. 결론

이상과 같은 이유로 「국가인권위원회법」 제44조 제1항 제1호 및 제2호에 따라 주문과 같이 결정한다.

교육부에서 인권위의 주문과 판단 내용을 '교원평가'에 한정하지 않기를 바란다. 더 넓은 범위에서 받아들이고 교원의 기본권과 생존권을 적극 보장하기를, 그리하여 학생들의 교육권까지도 안전하게 보장하기를 간절히 바란다. 교육부에서는 인권위의 결정통지서가 도착한 날과 같은 날인 2023년 9월 15일, '교원평가 서술형 폐지 및 2023년 시행 유예'를 발표했다.

인권위의 권고로 뒤늦게 '교원평가 서술형 폐지'를 논한다고 해서 그 외의 수많은 문제가 해결되는 것은 아니다. 이를 교육 당국, 교육 주체 그리고 시민 모두가 알아야 한다. 각성과 현실 개선을 요구하는 목소리를 '교원평가 서술형 폐지'라는 지엽적인 대책으로 퉁치고 덮으려고 해서는 안 될 것이다.

고 서이초 선생님을 비롯한 동료들의 죽음과 그 안타까운 죽음들로 인해 터져나온 교육 주체들의 분노를 기억해야 한다. 교육 당국은 자살을 한 교사들이 어떤 피해를 겪었는지 적극적인 진상규명을 하고, 악성 민원으로부터 교사들을 보호할 실질적인 대책을 마련해야 한다. 보여주기식 대응과 소 잃고 외양간 고치는 식의 늦장 대응은 이제 그만해야 한다. 우리는 한 사람도 더 잃을 수 없다. 이미 너무 많은 이를 잃었다.

교사들이 모여 "우리는 한 사람도 더 잃을 수 없다"고 간절하게 외치는 중에도, 많은 동료가 교직을 떠났다. 그동안 교사 개인들이 전국에서 모인 자발적 추모 집회에 대해 교육부에서 '징계' 운운하며 겁박을 하다가 철회한 사실도 모두가 알고 있다.

교육부는 근본적인 문제 해결 방법을 고민하지 않고 지금처럼 입맛에 맞는 단체, 도무지 선정 기준을 알 수 없는 일부 교사 집단과의 선별적 소통만을 보여주기 식으로 이어나가고 있다. 현장 전체 의견을 적극 조사하고 수렴하고자 하는 노력과 시스템 구축 없이, 본인들이 특정 단체에서 임의로 선발한, 정당한 대표성을 띠지 못하는 소수의 교사들과 소통하고서 '우리는 학교 현장과 소통한다'고 하는 것은 기만이다. 이렇게 해서는 현장이 나아질 수 없다.

학교는 모두에게 안전한 곳이 되어야 한다. 그렇지 않으면 죽거나 교직을 떠나는 교사들이 앞으로도 점점 더 많아질 것이다. 교육부에서 위 국가인권위원회의 결정 통지서 내용을 '교원 인권과 노동권 보장'이라는 보다 넓은 의미에서 받아들여 변화를 추구하기를 간절히 바란다.

벽을 부수고 문을 열 수 있던 힘

오랜 시간 마주한 막막한 현실은 넘어설 수도 부술 수도 없는 벽처럼 느껴졌다. 하지만 온 힘을 다해 벽에 부딪혀 내가 마주한 세계를 부수고 바꾸어보기로 했을 때 변화가 시작되었다. 다칠 것을 알면서도 온몸으로 부딪혔을 때, 그동안 마주하고 있던 현실이 넘어설 수 없는 벽이 아님을 알게 되었다. 오히려 다른 세계로 나아갈 수 있는, 부딪히면 열 수 있는 문이었다는 걸 알았다.

죽을 힘을 다해 부딪혀 밀어보지 않았다면, 나는 이 현실이 '문'이라는 것을 죽을 때까지 알지 못했을 것이다. 벽인 줄 알았던 문을 온 힘을 다해 열었을 때, 바깥에서 빛이 쏟아져 들어왔다. 문을 열고 나아가 찬란한 희망을 보는 순간의 환희, 새로운 희망과 가능성을 기꺼이 맞이하는 기쁨은 말로 표현하기 힘들 만큼 크고 벅찼다.

가장 중요하면서도 어려운 일은 절망하지 않는 것이었다. 나 또한 냉소와 좌절이 마음속 깊숙이 스며들어, 다시는 그 어둠이 걷히지 않을 것 같아 두려운 날들이 있었다. 하지만 거대한 어둠과 믿을 수 없을 정도로 저열한 악에 지쳐, 작은 틈새로 보이는 희망의 빛을 외면

하거나 아예 없는 것이라고 치부하며 절망하지 않는 일이 중요했다. 결코 절망하지 않기 위해 나는 내내 스스로를 다독였다.

자신과 타인에 대한 애정을 잃지 않는 일 또한 어려운 일이다. 그러나 그간 느껴온 연대의 힘은 내가 혼자가 아니라는 사실을 일깨워주었다. 함께 모인 동료들의 외침 속에서, 세상이 더 나은 방향으로 변하기를 바라는 좋은 사람들, 용기를 가진 이들이 더 많다는 것을 느꼈다. 그리고 늦게나마 찾아온 현실적인 변화들에서도 희망을 보았다. 많은 이의 연대와 응원과 스스로 해온 부단한 노력으로, 어느덧 내 마음은 어느 때보다 밝고 단단해졌다.

피해를 세상에 알리고 변화를 위해 목소리를 내는 모든 과정은 지난하고 고통스러웠다. 계란으로 바위를 치는 것 같은 순간이 있더라도, 우리의 모든 시도는 세상에 어떤 방식으로든 흔적을 남기고 영향을 끼친다. 비록 투쟁의 기록이 역사로 남지 못하더라도, 선례로 남을 수는 있다. 이후 비슷한 피해 사례가 생겼을 때 누군가 싸워온 기록이 도움이 될 수도 있고, 더 나은 세상으로 나아가는 발판이 될 수 있다.

마땅히 수호해야 할 가치를 위해 싸울 때 우리는 그 점을 반드시 기억해야 한다. 세상이 바뀌지 않더라도 나 자신이, 내 곁에 있는 누군가가, 나를 둘러싼 환경이 변화할 수 있다. 그러한 용기와 시도들이 누적되면 더 나은 사회, 더 나은 세상으로도 한 걸음씩 나아갈 수 있다.

'교권 침해'의 근본적인 문제들은 아직 아무것도 해결되지 않았다. 하지만 우리의 절박한 외침과 분노, 인내와 연대는 언젠가 반드시 답을 받을 것이다. 세상에 진절머리가 난다고 해도, 희망을 보는 순간들을 긍정하고 끝까지 포기하지 않아야 한다.

중요한 것은 꺾이지 않는 마음이다. 그 말을 한 해 내내 새기며 살았다. 꺾이지 않는 마음이 있으면 벽을 밀어 문으로 만들 수 있다. 무너진 폐허 속에서 새로운 세계를 쌓아 올릴 수 있다. 마주한 벽을 문으로 만들 수 있는 용기가 여러분의 마음에도 스며들고 차오르기를 바란다. 더 많은 사람이 수많은 벽을 부수고 열어 더 나은 곳으로 나아갈 수 있기를 바란다.

부록
〈230902 총궐기 추모집회 발언 전문〉

안녕하세요. 먼저 홀로 외롭고 쓸쓸한 시간을 견뎠을 고 서이초 선생님의 명복을 빕니다.

안타깝게 세상을 등진 동료 선생님을 추모하며 모인 선생님들 앞에서 발언하고자 결심하기까지 시간이 오래 걸렸습니다. 남은 우리가 어떻게 해도 이미 고인이 된 분이 돌아올 수는 없다는 생각에 절망했습니다. 그러나 오늘은 꼭 하고 싶던 이야기들을 하겠습니다.

저는 작년 연말 화제가 되었던 세종시 모 고등학교 교원평가 성희롱 사건 피해 교원입니다. 사건 공론화 과정과 공론화 후의 일들은 SNS '교원평가 성희롱 피해 공론화' 계정에서 확인할 수 있습니다.

저는 최근 교직을 떠나는 선택을 했습니다. 제가 어떤 기댈 구석이 있어서 사직을 쉽게 결정하거나 한 것이 아닙니다. 저는 제 생계를 스스로 꾸려야 하는 1인 가구이고, 사직을 한 지금 구직 활동을 하고 있습니다.

저는 직업을 잃고 아이들을 마주하는 일을 포기하는 무거운 선택을 했고, 사직을 결정하고 실행하고 주변을 설득하는 그 과정이 얼마나 힘든지 잘 알고 있습니다. 그래서 고 서이초 선생님 소식을 접하고 더 마음이 아팠습니다.

고 서이초 선생님 소식을 들은 7월 19일은 제가 학교에 사직원을 제출한 날이었습니다. 19일 오후 방학식을 한 학교에 들러 관리자분들과 선생님들을 만나 뵈었습니다. 한편으로는 후련하기도 하고, 한편으로는 서러워서 눈물이 났습니다.

같은 날 저녁 고 서이초 선생님 소식을 뉴스로 접했을

때, 저는 마음 한 켠이 마비되어 돌덩이가 되는 것 같은 기분이었습니다. 마음이 납덩이처럼 무겁고 아파 숨 쉬기가 힘들었습니다.

얼마나 외로웠을까, 혼자서 얼마나 무서웠을까, 그런 생각에 눈물 흘리고 가슴을 쳤습니다.

아이들과 함께하던 교실에서 생을 마감하기로 했을 때, 그 마음이 얼마나 고통스러웠을까.

얼마나 누군가가, 세상이 원망스러웠을까.

그 마음을 알 것 같아서 더 고통스러웠습니다.

저는 교원평가 성희롱 사건 공론화 후 벌어진 교육청 감사실의 2차 가해로 사직을 결심했습니다.

저는 원래 1학기 병휴직을 한 후 2학기에 복직할 계획이었습니다.

한편으로는 복직이 두려웠지만, 오히려 아이들을 다시 만나는 게 치유가 될지도 모른다고 생각했습니다. 그러나 치유의 가능성이나 아이들과 마주하는 기쁨조차

다 저버리게 한 것은 교원을 보호하기는커녕 해당하지도 않는 위반 사항을 운운하면서 저를 겁박한 교육청 감사실의 행태 때문이었습니다.

교원평가 성희롱 사건 공론화 이후 감내해야 했던 수많은 2차 가해 중에서, 교육청 감사실의 2차 가해가 가장 끔찍했습니다.

악성 민원으로 직위해제를 당했거나 삶이 무너진 분들의 이야기가 너무 많이 들립니다.

감사실에서는, 피해 사실을 SNS와 언론에 공론화한 것에 대해 누군가 교육청에 '민원'을 넣었다고 했습니다.

감사실에서 그 '민원'을 빌미로 저를 호출했고, 저에게 마땅한 징계 해당 사항이 없음에도 불구하고 '품위 유지 위반' 등을 운운하면서 저를 겁박했습니다. 최교진 세종교육청 교육감님께서 감사실을 대신해 제게 직접 사과했음에도 불구하고 교육청 감사실에서는 아직 자신들의 잘못을 인정하지도, 사과하지도 않았습니다.

제게 '왜 그만두었냐'고 묻는 사람들에게 단 한마디로 답할 수가 없어서 답답했습니다.

솔직하고 단순하게 말하면, '더 이상 버티듯이 살고 싶지 않아서, 제대로 살고 싶어서, 더 이상 정신과 약을 복용하면서 매일 불안에 떨며 살고 싶지 않아서, 죽기를 택하기보다 이 직업을 떠나는 게 나아서'라고 답하고 싶었습니다.

덧붙여 설명할 말이 너무 많지만, 최근에는 제가 이렇게 대답해도 알아듣고, 이해하는 사람이 많아진 것 같습니다. 이걸 다행이라고 해야 할까요? 최소한의 안전이 보장되지 않는 일터를 떠나 스스로를 지키고 싶어서 저는 사직을 했습니다.

저는 교원평가 성희롱 사건 이전에도 교권 침해를 겪은 바 있습니다. 신규 교사 시절 교내에서 학생들에게서 성폭력을 겪은 적이 있고, 당시 처음으로 정신과 진료를 받았습니다. 교직에서 그런 일은 운이 나빠 딱 한 번 겪는 일이라고 생각했습니다. 그런데 매일 내 안전과 권리를 운에 맡겨야 한다는 사실이 불행했습니다.

1년 넘게 이어진 악성 민원에 시달린 적도 있습니다. 담임을 맡았던 학생 아버지가 집요하게 아침마다 제 휴대전화로 전화를 걸어서 교내 학생 생활 수칙에 대해 말도 안 되는 요구와 함께 불만을 말했습니다. 제가 만든 수칙이 아닌 학교 전체 규칙임에도, 책임은 모두 개개인 담임의 몫이었습니다.

그 아버지는 제가 전화를 받지 않으면 학교로 찾아왔고, 그럴 때 관리자는 어떻게 학부모가 교장실까지 오게 하냐며 담임 선에서 해결할 수 없냐고 했습니다. 견디다 못해 제가 휴직을 하자 연락은 끊겼고, 제가 복직하자마자 다시 학교에 민원이 들어왔습니다.

이미 '작년 담임'이 된 저에 대해 불만을 토로하는 내용이었다고 전해 들었습니다. 악성 민원이 분명한데도 저는 다시 교장실에 불려가야 했습니다. 그날들을 어떻게 견뎠는지 기억이 잘 나지 않습니다.

그럼에도 교직에서 몇 년을 더 버틴 건, 아이들을 마주하고 함께하는 기쁨이 컸기 때문입니다. 우리는 알고 있습니다. 대부분의 아이들과 학부모님은 우리를 괴롭게 하지 않습니다. 소수 몇 명 때문에 우리는 죽도록 시달리고 내몰립니다. 그리고 그럴 때마다 우리는 제대로 보호받지 못하고 각자도생을 해야 합니다. 부당하다고 목소리를 내면 '교사'라는 이유로 손가락질을 받거나, 오히려 더 부당한 일을 겪을까 봐 걱정해야 합니다.

그러는 사이 문제들이 곪아오다 터지기 시작했고, 결국 우리는 소중한 동료들을 잃었습니다. 한 사람의 귀한 목숨 값을 치르고 나서야 부랴부랴 심각성을 알겠다는 듯 대처하는 이 사회와 상부 기관이 원망스럽습니다.

우리는 계속 말해왔습니다. 공교육이 무너지는 현실, 수업과 지도에 도저히 집중할 수 없는 현실, 수업보다 업무와 민원에 치이는 현실, 노동자로서의 권리나 최소한의 인권을 보장받지 못한 채 온갖 책임만 떠안는 현장의 현실을 계속 말해왔지만, 이 사회는 외면했고, 문제들은 이 사회의 병폐들과 함께 계속 곪아갔습니다. 그 결과가 이것입니다.

누군가는 죽음으로 내몰리고 누군가는 현장을 떠납니다.

고 서이초 선생님뿐만이 아닙니다. 언론에 알려지지 않은 죽음도 많을 것입니다. 단순 '개인사' 처리된 죽음이 많을 것입니다.

우리는 이미 너무 많은 동료를 잃었습니다.

망가진 채 겨우 버티는 분들도 많습니다. 저도 한때 그런 긴 터널 같은 시간을 지났습니다. 저는 교직을 떠났지만, 교직에 남아 있는 동료 분들이 더 나은 현실에서 일하기를 간절히 바랍니다. 우리는 한 사람도 더 잃을 수 없습니다.

저는 제가 마주했던 아이들을 진심으로 아꼈고, 아이들도 저를 사랑하고 존경했습니다. 아이들과 한 시절을 함께하는 기쁨이 제게 얼마나 컸는지, 사직하고 나니 그 빈자리가 더 크게 느껴집니다.

제가 그 모든 기쁨을 포기하게 만든 것은 무엇입니까? 고 서이초 선생님께서 사랑하는 아이들과 세상마저 저버리게 만든 것은 누구입니까? 어떤 사람, 어떤 기관, 어떤 시스템입니까?

이제 더 이상 누군가 지쳐 교단을 떠나는 일이 없도록, 부당하게 직업을 잃는 일이 없도록, 망가져 내몰리는 일이 없도록, 제대로 된 교육이 가능하도록, 국가가 실효성 있는 입법과 행정 시스템 정비로 답해야 할 것입니다.

저는 여러모로 운이 좋아 살아남았습니다. 생존자로서 말합니다. 살아남은 우리가 해야 할 일들이 있습니다. 이미 고인이 되신 분들이 돌아올 수 없더라도, 끝까지 기억하고 추모하고 행동해야 합니다.

9월 4일에 여러분이 각자 연가나 병가를 써서 고인의 49재를 함께 기리는 일은, 한 인간이자 시민이자 노동자로서 여러분이 행사할 수 있는 마땅한 권리입니다. 모든 학교에서 재량휴업일로 지정되지 않더라도, 여러분이 하루 각자 복무를 사용한다고 해서 그 누구도 여러분을 부당하게 겁박할 수 없습니다.

너무 쉽게 겁먹고 입맛에 맞는 호소만 해서는 무언가를 바꿀 수 없습니다. 고 서이초 선생님의 가시는 길 외롭지 않도록 저도 9월 4일 마음으로 함께하겠습니다.

저는 교직을 떠났지만, 여전히 여러분을 동료라고 부릅니다. 고통스럽더라도 살아남아 끝까지 기억하고 말하고 행동합시다.

긴 이야기 들어주셔서 감사합니다.

에필로그

2023년에는 시간이 어떻게 지나갔는지 모르겠다. 다사다난했고 세상도 마음도 내내 시끄러웠다. 그럼에도 불구하고 가장 크게 느낀 감정을 꼽으라면 '연대의 힘에서 느낀 희망'이었다.

연대의 힘은 강하다. 악하고 추한 말보다 마음을 꾹꾹 눌러 담은 다정한 말 한마디가 더 오래, 큰 여운을 남긴다. 힘이 되어준 따뜻한 마음과 응원에 보답하고 싶어, 더 씩씩해지겠다고 다짐하며 지냈다. 더 강한 사람이 되어 오래도록 다정한 마음을 더 많은 이들에게 건네며 살겠다고 말이다.

2023년의 목표는 원래 모습을 되찾는 것이었다. 살아내기 위해 스스로를 달래고 또 다독였다. 우울증을 겪으며 몸을 움직이고 끼니를 챙기는 일이 가장 중요하다는 것을 알았다. 일상으로 돌아오기 위해, 더 강한 사람이 되기 위해, 강박적으로 운동을 하고 끼니를 챙겨 먹었다. 정신을 환기시키려 사람들을 만나 이야기를 나누고 함께 웃으려고 노력했다. 그렇게 지지해주는 사람들의 따뜻한 말과 웃음소리가 살아가는 데 중요한 요소라는 것을 알았다. 그런 날들을 지나 오늘이 왔다.

성희롱 사건과 다양한 2차 가해를 겪으며 생긴 우울증과 불안장애는 쉽게 떨쳐지지 않았다. 교육청 감사실에서 겁박을 받았던 일이 자꾸만 떠올라, 좋은 일이 있으면 나쁜 일이 들이닥칠 것만 같아 불안했다. 모르는 번호로 전화가 걸려오면 심장이 뛰고 식은땀이 났다. 이런 상태로 계속 살 수는 없다고 생각했다.

절박한 마음으로 이전의 나는 어떤 사람이었나 기억해보려 했었다. 밝고, 활동적이고, 호쾌하게 웃고, 농담 잘 하고, 손편지를 자주 쓰고, 문화생활을 곧잘 즐기던 사람이었다. 내 모습을 되찾으려 마음이 내키지 않는 날에도 어떻게든 새로 개봉한 영화를 보고, 전시회 관람을 하고, 약속을 잡고, 맛있는 것을 먹고, 고마운 이들에게 편지를 썼다.

다시는 좌절의 구렁텅이에 빠져 잠식되고 싶지 않았다. 그래서 더 다양한 창구를 통해 꾸준히 목소리를 내고, 할 수 있는 건 모두 해보기로 했다. 내가 할 수 있는 이야기들을 움츠러들지 않고 당당하게 하는 것, 그것이 내가 할 수 있는 최선이었다.

이 여정을 지나며 가장 절절히 깨달은 것은 '모든 인간이 존엄하다'는 당연한 명제가 그 어느 곳에서도 무시되어서는 안 된다는 것이다. 피해자가 입막음을 당하는 일, 노동 환경에 최소한의 안전이 보장되지 않는 일은 교직뿐만 아니라 그 어디서도 없어야 한다.

마지막으로, 이 책을 빌어 현실의 삶에서 고군분투하는 모든 동료 교사와 노동자들에게 전하고 싶은 말이 있다.

살아있으십시오.

부디 생을 저버리지 마십시오.

당신이 존엄하다는 사실을 잊지 말아주세요.

어디든 도움을 청하고 이야기를 털어놓으세요.

이야기를 듣는 이들과 소통하세요.

살아있으시기를 간곡히 부탁드립니다.

아무것도 의미 없게 느껴져서 죽고 싶은 순간

그 순간의 아픔, 그 고통을 압니다.

누구나 이겨낼 수 있는 고통이 아니라는 것도 압니다.

그러나 부디 살아있으십시오.

꼭 곁에 있는 것이 아니더라도

우린 모두 서로 연결되어 있습니다.

연대의 힘은 당신을 짓누르는 힘보다 강합니다.

도움을 청하려 손을 내밀면 손을 뻗어 함께할 이들이

인간의 존엄을 쉽게 말살하는 이들보다 많습니다.

제가 살아있기에, 그렇게 믿고 있습니다.

제 이야기가 용기가 되면 좋겠습니다.

매일 웃을 수는 없더라도 더 많이 웃는 나날을 보내기를

모두에게 평안이 있기를 온 마음을 다해 기원합니다.